総合人間学 12

〈農〉の総合人間学

総合人間学会 編

ハーベスト社

『総合人間学12：〈農〉の総合人間学』

目次

Ⅱ 〈農〉と社会

〈農〉[1]を通じて人間と社会を考える
――序にかえて――

尾関周二

1．農業についてのポリフォニー（多声）と岐路に立つ日本・世界

今日、現代日本では、農業をめぐって、「絶望」と「希望」という、相反する声を織り交ぜたポリフォニーが語られている。日本の農業・農村はしばしば指摘されるように、きわめて深刻な事態と語られる。それは農林水産物の輸入が世界一とされる[2]と共に、食料の自給率が先進諸国のなかでは異常に低い39％にまで落ち込んでいるということに象徴されている。拡大する耕作放棄地、荒廃する山林、そして、中山間地では「限界集落」が語られて久しい。そしてさらにまた、政府によって農業の「成長産業化」や「大規模化」のスローガンとともに、自由貿易のさらなる促進が語られる。これに対しては、日本農業が全面崩壊させられるのではないかという声も広がっている。

他方では、農業への希望の声もさまざまに聞かれる。「有機農業」「市民農園」「週末農業」「田舎暮らし」への積極的な関心とともに、また、地域の村おこしと関わって「地産地消」「産直提携」や「田園回帰」が熱く語られる。また、新たなライフスタイルの提唱として「半農半X」（塩見直紀）という考え方なども語られる。

或いはまた、21世紀の遅くない時期に１００億に達する人口の食料問題の解決として、最新の科学技術を活用し

て、大都市の中に「植物工場」を積み重ねたような「垂直農業」と呼ばれる高層ビルの建設が語られる。こうした工業化された農業が描く未来イメージをどう考えるべきであろうか。

他方では、現在、世界では飢餓が原因で年間1500万人が亡くなっている（FAOより）が、世界の穀物生産は年間24億トンで世界の人びとが生きていくのに必要な2倍になるとも言われている。なぜこういった現状があるのだろうか。

このように農業について多種多様に語られてくるなかで、〈農〉の問題は、現代社会や人間のあり方を考え、さらには新たな社会を展望する上で、きわめて重要な現代的な問題とも関係していることが理解されるようになってきた。今日では、〈農〉の問題は食料生産と関わるだけでなく、環境、福祉、安全、生命、地域コミュニティ、国土計画、スピリチュアリティ、人間性回復といった現代の重要なキーワードと絡んで一大問題圏域を形成しつつある。現代の〈農〉は人間と社会のあり方に対し新たな大きな問題を提起してきているのである。

高度経済成長以降、社会には様々な便利なモノがあふれたが、周知のように逆に「豊かさとは何か」への問いかけがなされるようになった。真の豊かさの欠落の感覚と上述したような日本と世界における〈農〉を巡る深刻な状況は深く関係しているのではないだろうか。真の豊かさを考えるには今一度〈農〉のあり方への根本的な問いかけ、〈農〉と人間との関わりを深く考える必要があるのではないだろうか。現代における〈農〉を巡る問題性は、〈農〉の新たなあり方の創造を通じて、いま一つの新たな文明の予感とともに、人間‐自然関係の近代を超える新たなあり方を求めているのではないだろうか。

こういった問題意識と語りをもとに、〈農〉のあり方や人類史的意味を考えながら、現代における豊かさと〈農〉との関係、そもそも人間にとっての〈農〉の意味とは何か、こういったことを考えるきっかけになればと思うが、そのための一助になるような議論を以下に少ししてみたいと思う。

2.〈農〉の人類史的意義と近代社会・文明の問題性

人間にとって農業とはどういう意味をもっているのか、それを人類史の視点から少し考えてみよう。人類史700万年、現生人類（ホモ・サピエンス）20万年と言われるが、長い長い狩猟採集の時代が続くなかで、いまから約2～5万年前に、ラスコーの洞窟壁画や精巧な装身具に見られるような「意識のビックバン」と呼ばれる心の進化が起こり、そういった心性や気候変動を背景に1万数千年前に農業の誕生があった。農業の誕生は、植物の栽培や動物の家畜化（ドメスティケーション）に象徴されるが、それは人間が自然生態系を対象化し働きかける始まりであり、同時に人間と自然の共生の追求の始まりでもあった。こういった「農業革命」は、余剰生産物やそれに基づく人口増加にみられる積極面をもたらすと同時にまた、極端な貧富や支配・隷従の始まりでもあった。階級社会やそれに基づく国家の成立、国家同士の戦争などの否定面も生み出すことになったのである。いわゆる「文明」の成立であるが、それが狩猟採集時代の平等主義の喪失でもあったことは忘れてはならないであろう。それ以来、地球上の各地の自然的条件を背景に、様々な〈農〉の伝統的な形がつくられてきて、それに支えられた多様な都市や国家、文化、景観が世界各地に形成されてきた。〈農〉は人びとの暮らしの土台として人間と自然の共生領域（たとえば、里山、里海）を多様な仕方でつくってきたといえる。

ところで、およそ500年前に西欧で始まった近代文明は、やがて人間と自然の関係の大変化を世界的にもたらすことになる。近代にいたるまで、都市は農村を基礎にする関係にあったが、近代文明以降は、資本主義的な市場化・工業化によるリードは、新たな都市（産業都市）を生み出し、都市と農村の関係が逆転していくことになる。そして近代工業文明のもとで、都市による農村の従属化・収奪が強められることになる。

『大転換』という本を著した経済人類学者のカール・ポランニーは、人類史の近代における資本主義的市場経済への大転換は「自然と人間の商品化」によってもたらされたという。つまり、それまで共有とされた土地（コモンズ）が私有化され、生活ができなくなった農民たちが農村を離れて都市に行き、労働力を売ることによって生活することが広くひろがることが前提になっていると述べているのである。こうして、急激な人口増加と都市生活者の圧倒的な数がもたらされ、この傾向は今日まで続き、２００９年には国際統計によれば、世界の都市人口が農村人口を上回ったとされる。この土地（自然）からの大規模な「切り離し」は、近代社会というものが、人類史上これまでに例のないような自然生態系からの人間の「切り離し」を生み出す文明といえるのではなかろうか。人間が文化的社会的存在である前に本源的に生物的存在であることを顧みるとき、このことは人類の「根無し草（デラシネ）」化ともいえる状況がもたらされつつあるといえるのではないだろうか。

近代文明の主要なアクターは、科学技術、資本主義経済、国民国家と言われる。近代文明の形成における大きな変化の主要因は、第一は「科学革命」であり、第二は、商品経済の全面化を意味する資本主義経済システムであり、そして、第三に、解体していく農村共同体に代わって「国民国家」が「想像の共同体」（アンダーソン）として立ち上がる。そして、この国民国家は、資本主義化・工業化の加速的発展を後押しし、国家の富と個人の豊かさをもたらすと共に、フランス革命に象徴される自由、平等、友愛の実現を約束するとされた。フランスでは「啓蒙時代」は「光の時代」と言われるが、確かに、自由、平等、友愛という理念の正当性を宣言したことは近代の輝かしい光の面といえよう。フランス革命に代表される近代革命は、たとえ様々な不十分さがあるにせよ、農業革命以来の長い支配－隷従関係を当然とする奴隷制・身分制社会に対してこれを原理的に否定して平等社会を掲げたことは人類史的にみて画期的であることも忘れてはならない。この平等主義の原則が、その後の反動にも関わらず、普通選挙権、社会主義運動、男女平等、人種の平等など様々な運動を推し進めるものとなったといえよう。

さて、ここで私は、人類史を見る基本視点として「人間と自然の物質代謝」という概念にふれておきたい。「物質代謝（メタボリズム）」は、もともとの言葉は、身体・生命体の同化・異化の新陳代謝であるが、19世紀の農学者のリービッヒが農業分野で使用したものをマルクスがさらに、『資本論』において人間－自然関係において労働概念の規定と関係して転用・多用したものである。マルクスが、「労働」とは、人間と自然の物質代謝(Stoffwechsel) の過程であるとともに、その過程を媒介するものとしてとらえたことは有名である。伝統的なマルクス主義は「労働」を主に工業労働を念頭においたため、リービッヒ由来の意味は重視されなかったが、じつはマルクス自身は、農業労働は歴史を貫く「もっとも根源的な生産過程」(『経済学批判要綱』) としていたことは重要であろう。

さきに見た人類史は、こういった人間と自然の物質代謝という視点からみるとまた別の姿がみえてくる。人間社会は、狩猟採集時代の自然生態系の循環の中に埋め込まれたあり方から、1万年前の農業の誕生を契機に、自然から離脱しつつも自然との共生を工夫し、近代以前は多少の逸脱はあれ、大きくは自然生態系の循環のなかにあったといえる。〈農〉の営みは自然生態系と人間社会の物質代謝を根源的に媒介する共生の実践であった。しかし、近代になって人間社会は、自然生態系との共生や循環を顧慮することなしに、化石燃料や科学・技術によって自然の支配を追求し、それを通じて進歩・発展があるという通念が支配的になって行くことになる。この通念に疑問符が突きつけられ、近代文明の負の面が露呈してくるのが、まさに20世紀後半以降の地球環境問題に象徴される自然破壊であり、〈農〉の衰退・都市肥大化であり、他方で人間疎外・孤立化にみられる人間精神の破壊である。近代文明とは自然生態系との共生の破壊であり、自然からの社会の人類史的な逸脱・離反ではないかと考えられるようになってきたのである。

近代社会の進行において伝統的な多くの農業・農村が破壊されるとともに、同時にまた、資本主義的市場経済に適応し近代化・工業化された農業は、生産力を高めた反面、過剰な農薬や機械化によってレイチェル・カーソンが『沈黙の春』で告発したように大きな環境破壊を引き越す「加害者」ともなったのである。しかし同時にまた、〈農〉の多元的価値の実現を目指す環境保全型農業は、持続可能な社会を、さらには新たな文明の基礎を形成する未来志向の希望を与える「救済者」ともなりうると思われる。

さて、ここで上記の人間と自然の物質代謝ということと関わって、農業のあり方と人間の健康ということの関連を微生物の生態系という視点から興味深く議論した本に少しふれておこう。デイビッド・モントゴメリーは、最近、彼の妻アン・ビクレーとの共著で『土と内臓――微生物がつくる世界』という本を著した。彼らの庭づくりの経験から話が始まって、土壌において微生物の生態系が植物の根と共生して植物の生長と健康にとっていかに大きな役割を演じているかを述べる一方で、アンの癌の体験を契機として人間の内臓における微生物生態系の役割が人間の健康にとって重要であることを述べている。この両者、つまり、人間に最も身近な内臓の環境と植物の根の接する土壌環境とはきわめてよく似ており、どちらの物質代謝も微生物生態系との共生によって媒介されていることを最近のマイクロバイオーム科学の知見をもとに明らかにしている。近代化のなかで、工業型農業において大量の化学肥料や農薬によって土壌の微生物を皆殺しにして結果的に土地の劣化をもたらしたように、近代医学においても感染症の克服ということで、病原菌の撲滅が過剰に体内の微生物の生態系の破壊に至って成人病などの病をもたらしているとして、近代農業と近代医学の共通の問題性を指摘しているのである。我々は最近になってようやく人間を取り巻く微生物の世界という「自然界の隠された半分」を垣間見ることができるようになったが、この世界は生命の進化において、また現在の動植物の物質代謝において大きな役割を果たしており、そして、人類の未来社会のあり方は、人間と微生物生態系との共生に大きくかかわっているというのである。

こういった知見は、人類史を人間と自然の物質代謝としてとらえる視座からすると、工業化・都市化をひたすら押し進める近現代の社会・文明は、こういった「物質代謝」本来の意味でも自然生態系における攪乱・亀裂を引き起こしているように思われてくるのである。

3．〈農〉を軸にした新たな社会・文明の模索――超近代化か脱近代化か

近現代文明による自然生態系からの社会の逸脱を克服して、新たな文明を展望していくためには、人間と自然の物質代謝の「根源的な生産過程」に位置する農業のあり方が決定的に重要であろう。ここに、農業はその誕生の時と並んで、いま新たな人類史的意義をもって登場すべきと思われる。従って、工業型農業から環境保全型農業への転換、つまり生態系と人間社会を根源的に媒介する〈農〉の創造的復権という課題が重要であり、それは人間と自然の物質代謝の新たな段階、形態を画することである。従って、それは近代化の一層の促進である超近代化志向から脱近代化志向への転換と深くかかわる。3・11東日本原発大震災は、〈農〉の破壊や広範な大地の汚染とともに近代工業文明の歴史的限界を強く印象づけた。

⑴　資本主義の限界と共生持続可能社会への転換

近代化・工業化を進めた大きな要因として19世紀末以来の科学技術（science based technology）の発達があり、先進資本主義国では20世紀後半には科学技術の応用による3C製品などが高度経済成長を加速させ、いわゆる「豊かな社会」を現出させた。20世紀後半に始まるコンピュータやインターネットなどの革新の連続が、今日人工知能やIOT（モノのインターネット）や3Dプリンターなどに辿り着いているが、この全体を「デジタル革命」と呼ぶことができるだろう(3)。

最近のデジタル革命の進展は資本主義の新たな成長を意味する「第3次産業革命」（或いは第4次産業革命）の原動力として期待され、資本主義的工業化は、科学技術の進展とグローバル化によって一層の近代化、即ち「超近代化」が追求されている。その反面、人類史における近代の光であった平等化の流れは一部で逆流し始め、特に労働と生活水準の点での不平等、格差の拡大が進行している。とりわけ、1990年代の「社会主義」圏崩壊によって資本主義の勝利が語られ、この不平等を加速させたが、しかし、リーマンショック以降は、資本主義の評価は大きく様変わりした。このことはこの間に発刊された本のタイトル、つまり『資本主義の終焉と歴史の危機』（水野和夫）、『資本主義はなぜ自壊したのか』（中谷巌）、『ポスト資本主義』（広井良典）などが示しているように、多くの論者の政治的スタンスを超えて資本主義の限界が意識されるようになってきた。いずれにしても資本主義世界システムが、色々な意味で「フロンティア」を失い利潤を生みだすシステムとして機能しなくなり、長期的にみればデジタル革命によっても衰退していかざるをえないのではないか、という問題意識があるといえる。

先進資本主義国では、すでに生活の基本的ニーズを満たしうる生産力は十分に達成されているといわれる。正当な分配が行われず格差が拡大していることによって見えにくくされているが、社会の総体としては、エコロジカル・フットプリント（人間生活の地球環境へ与える負荷）の指標に象徴されているように、日本や米国の現在の生活を途上国の人びとがすれば、各々地球2・4個分、5・3個分が必要ということになるような状態なのである。しかし、すでにみたように先進国では資本主義システムは機能不全になりつつあるといわれるにもかかわらず、グローバル資本主義を背景に競争と欲望が駆り立てられる成長主義戦略が推し進められようとしている。成長主義イデオロギーにとらわれている限り、人間‐自然関係における共生も人間‐人間関係における共生も実現するのに困難にならざるをえないであろう。

本来の農業は、こういった成長主義やグローバル化（このもとに巨大な多国籍企業のアグリビジネスに支配された国際的な資本主義的市場化がつくられてきた）になじまないどころか、食の安全・安心や環境保全を考えると、逆にできるだけ自然生態系に適合した地域に根差した広義の〈地産地消〉の発想が重要と思われる。そしてそのことは、コミュニティの再建と結びついた地域経済を活用して拡大・発展させていくことであり、これはまた資本主義的市場経済の縮減につながり、成長型経済から定常型経済（ハーマン・デイリー）への転換を軸とする共生型持続可能な社会（以下、略称：共生持続社会）へと移行していくためにも大きな役割を演ずるものと思われる[4]。共生持続社会は、たんに脱成長主義社会にとどまらず、人間‐自然関係、人間‐人間関係における共生を持続的に実現する社会である。人間と自然の共生と循環を回復すると共に、人間‐人間関係の支配‐隷従関係や様々な暴力的紛争を克服し異なる社会・文化を平等に尊重し、それらの間の共生を実現する、真に豊かな「多元的共生社会」でもあるのである。

(2) 都市中心社会から農村都市共生社会へ、

近代以降、工業化・都市化が進展してくなかで農村は次第に、都市への労働力や食料の提供基地という仕方で従属的存在になり、共同体やコモンズが解体され、農業の担い手が減少し「限界集落」化していくことになった。都市化も次第に中央と地方の関係で、一極集中型になり、主要都市での遠距離通勤にみられるような職住がかけ離れ、地域共同体（コミュニティ）がいたるところで形成されにくくなっている。

共生持続社会と新たな文明を創出していくためには、こういう流れを再び逆転していくことが必要であろう。そのためにまずは、巨大都市を適正規模にまで縮減して、中小規模の都市の多極分散型の都市配置を基本とし、農村と都市の共生・調和した国土体系をつくっていく必要があろう。ドイツなどでは、実際に巨大都市の代わりに、多極分散的な中小都市で、日本などと比べると、農村と都市が接近し、また職住接近が多く実現されている。これはまた、〈農〉に従事すると共にそれ以外の職種に従事することを容易にするであろう。

さらに、将来社会として、ここでいう新たな共同体は地域生態系の循環に即し、食料とエネルギーの地産地消を支えるエコロジー的共同体であるとともに、それぞれのネットワークの結節点として「都市」があり、ローカルな共同体からナショナルなレベル、さらにはリージョナルな共同体へと重層化しつつ、世界的なネットワークを構成するものである。

このような農村都市共生の未来社会の構想は19世紀後半において英国の社会主義者ウィリアム・モリスが『ユートピアだより』で描いた「田園社会主義」のイメージに近いものである(5)。また、E・ハワードらが都市問題を解決するために、都市を自然や農業と結合させて人間的なものしようと「田園都市論」を構想したイメージにも近いものであろう。ただ、これらには彼らの知らなかった20世紀後半以降の「デジタル革命」の成果が付加される必要があろう。

(3)　デジタル革命と農工共生社会

デジタル革命、たとえば、人工知能やロボットによる人間労働の代替・補助は生産性の向上であると同時に雇用の喪失をも意味しうるが、他方でＩｏＴや３Ｄプリンターなどはまた、ジェレミー・リフキンによれば、モノやサービスを1つ追加で生み出すコスト（限界費用）を限りなくゼロに近づけ「限界費用ゼロ社会」に導いていくという認識がある。つまり、この革命は、大量の失業者を生み出す可能性があるとともに、同時にまた市場経済システムから自立した「プロシューマー（生産消費者）」の出現の可能性でもあるのである。プロシューマーとは、アルビン・トフラーの言葉であるが、『第三の波』(1980)で、第一の波の「農業社会」に続く第二の波の「工業社会」においては、生産と消費は分離して市場経済の交換が支配的になるが、第三の波の「情報化社会」では、再び生産者と消費者が融合して「プロシューマー」が新たに生まれるとした。このトフラーの場合、そしてまたリフキンの場合も情報・工業分野が念頭にあるが、しかし、考えてみれば、彼らは注目していないが、農業の領域では、近現代においても小農、家族経営という仕方で圧倒的な農民はプロシューマー（生産消費者）として存続してきているわけである。しかも、21世紀初頭の現在、環境問題がさらに深刻化してくるなかで、小農は環境保全の視点からすると、大規模農業よりも重要な役割を果たしている。大規模農業がしばしば環境破壊を引き起こしているのに対して、小規模農業者の協同は食料生産にとどまらない環境・景観・生物多様性や地域文化の保存などの多元的価値の実践にもなりうる。そしてまた、伝統社会で大きな役割を果たした「コモンズ」に似た仕方で、リフキンによれば、情報産業において新たな「コモンズ」の出現が「共有型経済（シェアリング・エコノミー）」の基盤として登場しつつあるのである。

これまで「公共哲学」などで、〈公〉〈共〉〈私〉の三領域のなかで〈共〉の領域の重視・拡大が主張されてきたが、近代化というのは、前近代における〈共〉に対応する共同体・コモンズが解体・縮小され、〈公〉の国家や〈私〉の民間企業の役割が増大してくる過程であった。リフキンはさきの本『限界費用ゼロ社会』のなかで、新たなコモンズの出現を指摘して、社会・経済システムが資本主義と協働型コモンズとの共存過程から後者の優位へ移行していくことを予測している。これに関係して興味深いのは、宇沢弘文はコモンズ的発想から「社会的共通資本」という概念を提起し[6]、自然環境、社会的インフラ、制度資本（教育・医療等）の三つをそれに入れていたが、注目すべきは、晩年の論集『人間の経済』等においては農業・農村をこの「社会的共通資本」に入れていることである[7]。さきに見たように、資本主義システム自身が価値増殖の点で機能不全となりつつあるがゆえに、政府が「成長戦略」を無理やりに目指し、「社会的共通資本」の領域を〈私〉の領域に巻き込んでいけばいくほど、結局〈共〉的領域・心性を破壊し一層の自然破壊を含む農業破壊や人間精神の不安定さをもたらさざるをえないのである。従って、〈農〉に向かうことは、資本主義システムの強制からの個々人の脱出という意味だけでなく、〈共〉的心性・領域の再建・確保としても重要であり、人間が人間らしい生活を営むための取り組みとして意義付けられることになろう。

このように考えると、人類史的にみて、農業社会の誕生が第一の大転換、近代文明のもとで工業化社会の転換が第二の大転換、そして今日第三の大転換として、脱工業化社会として情報化社会が語られているが、それは実はデジタル革命と連動した〈農〉を軸にした農工共生社会への転換というべきであろう。

確かに工業化社会において、近代科学の発展と結びついた工業技術が大量生産を可能にし生産力を高め、様々な支配・抑圧を含みながらも人びとの物質的条件を改善してきた面はあるが、しかし同時にまた、原爆のマンハッタン計画に象徴されるように、国家と一体になって人類史上このうえもない巨悪に関わってきたことも間違いないであろう。20世紀後半になって、核、環境、農業、エネルギーなど、様々な分野での深刻な世界的問題に科学技術が負の仕方で関与をしてきたことも確かであろう。この意味で現代の科学技術をどう捉え、どうコントロールし、農工共生社会の実現に寄与するものにしていくかは、脱近代へ向けて未来社会を構想していくうえで大きな課題といえよう[8]。

新たな文明・社会への移行は、かつてのレイモンド・ウィリアムズの印象的な言葉を使えば、それは人間と自然の物質代謝のあり方に及ぶものであるがゆえに「長い革命」と考えるべきであろう。ウィリアム・モリスが『ユートピアだより』で描いた未来社会も彼の当時から２００年後、つまり21世紀末の世界であった。20世紀に始まり20世紀に終わったソ連型社会主義は人類史の流れに掉さし平等の実質化を促進するものと思われた。しかし、「ノーメンクラツーラ」という階級を生み出し自由な言論を抑圧し画一化を強制することにおいて、また科学技術万能主義の工業化による自然破壊を大規模にもたらすことにおいて、さらにまた、小規模農業を破壊し大規模化・集団化・工業化を推し進めたことにおいて、結局は近代主義の亜種に留まり、理想を実現することができなかったといえる。しかし、それは脱近代への長い革命の過程における大きな社会実験ともみなすことができよう[9]。

注

⑴ ここでは、〈農〉という表現で、広く農業・農村・農民を包含するとともに、さらに広義には林業や水産業など自然生態系と直接関わる種々の営みも包括して用いている。同時にまたしばしばそれらの本来的なあり方をも含意させている。

⑵ 日本はフードマイレージ（食料輸入重量×輸送距離）で、総量及び国民一人当たりともに世界一であり、地球環境に大きな負荷を与えている。

(3) 「デジタル革命」については、野口宏（2016）参照。
(4) すでにJ・S・ミルは19世紀の半ばに『政治経済学原理』の中で、市場経済が完全にグローバル化すれば、経済は停滞すると述べていた。しかし、彼は経済が停滞したからといって人間の進歩が留まるのではなく、その中で文明の発展はあると主張した。
(5) これについては、尾関（2016）を参照。
(6) 宮本憲一も宇沢の「社会共通資本」に似た考えを「共同社会的条件」として主張しており、私としては宮本の表現の方がベターと思っている。
(7) おそらく、成長主義論者のように農業について米国のような大規模・工業型農業を典型として思い浮かべている限り、「社会的共通資本」という位置づけは難しく、まさに私が〈農〉と表現する所以でもある。
(8) これについては、尾関（2017）を参照。
(9) ここではもはや紙数もないので、その「長い革命」へ向けていかに取り組むかは述べられないが、この点について関心を持たれる方は、尾関（2015、2016）では少し立ち入って述べているので参照されたい。

参考文献
尾関周二（2015）『多元的共生社会が未来を開く』農林統計出版。

尾関周二（2016）「『多元的共生社会が未来を開く』補論：モリスの社会主義を考える」『環境思想・教育研究』9号。

尾関周二（2017）「現代の科学技術と環境思想の視座――〈農〉の復権と複雑科学の意義」（『環境思想・教育研究』10号。

野口宏（2016）「デジタル革命の歴史的性格と物質的性格」『政経研究』第107号。


（おぜきしゅうじ／東京農工大学名誉教授／環境哲学・共生哲学）

I　〈農〉と人間

体験的農業論

山下惣一

1. はじめに

人は自分の親を選んで生まれることはできない。同じようにふるさとを選択することもできない。自分の意志とは関係なく生まれたところが出生地であり、幼年期を過ごせばそこがふるさとになるらしい。ところが私たち百姓[1]にとってはそこが職場になる。「ふるさと」というのはそこを離れた人の感情であってそこ住み続ける私たちにとっては暮らしの場であり闘いの場であって「ふるさと」という実感はない。おそらく大きな違いは私たちはふるさとも農業も自分の意志で選択していないという意識を引きずって生きているということだろう。これは世襲制の農業を引き継いだ私たちの世代の特徴かもしれない。

まずは私の職場の紹介をしておく。九州北部の玄界灘に面した佐賀県唐津市の市街地から北へ約12㎞の東松浦半島の先端に近い北向きの海辺の村が私の職場である。その昔太閤秀吉が朝鮮出兵の拠点とした名護屋城址までわが家から7㎞、岬の先端を回って約6㎞の位置に九州電力の玄海原発4基がある。わが家から真西へ10㎞の位置になる。

佐賀県北部のこの一帯は台地の畑作地帯でありかつては出稼ぎ地帯でもあって私の父も大阪万博のころ村の人たちと5年間出稼ぎに行った。昔は主産物が麦と甘藷の貧困地帯だったのだ。現在は県北一帯をカバーするＪＡからつの管内であり正組合員約６、０００人、准組合員１２、０００人、農畜産物販売高約３００億円の生産農協である。しかし1農家平均では田が55ａ、果樹園・畑が35ａの合計90ａにしかならない。ＪＡの販売額約３００億円の内訳は畜産47％、園芸作物39％、米・麦・大豆の農産部門は６％（２０１６年実績）(2)。

つまり水がない（水田が少ないことはそういうこと）台風の常襲地帯であり棚田地帯である。ここでどう生きていくかが私たちにとっての農業問題なのだ。選択したのが畜産であり、園芸作物ではハウスミカンとイチゴが突出しているが果樹・野菜で50品目を共販している。やれることは何でもやるという総力戦で生きてきたし生きている地帯だと私は考えている。先般講演に来た某大学教授が米・麦・大豆つまり国の補助金に依存しない農業のあり方をあたかも先見の明があったかのように褒めていたが、そんなことではないのだ。やれることをやって暮らしているだけのことである。

わが家は現在、田60a、ミカン50ａ、野菜畑10ａに梅、レモンなど少量多品目生産を私と妻の２人でやっている。今年から田植え、ミカン山の下草刈りなどの、主な作業には福岡市に住む長男が帰ってきてやってくれている。家も農業も捨てる気はないというので当面の将来については心配していない。むしろ親子で農業で頑張らなくてよかったと思っている。

長男は派米農業研修生で米国に2年いて、かつては親と子でやる気満々だったのである。

２．少年時代

私は１９３６（昭和11）年の生まれである。小学校（当時は国民学校）３年生のとき敗戦となり5年生から男女共学が始まった。祖父母に子どもはなく、12歳で本家筋から養子にきたのが私の父で「オレはこの家を興しにきた」という強い使命感を持ち常に口にしていた。

久方振りに生まれた子どもだった私は祖父母に溺愛され幼時から総領学を刷り込まれた。「よかか、お前はこの家の総領だけんこの家にあるものは全部お前のものぞ。家も田畑も山も床の下の猫の糞までお前のものだ」常にこういい聞かされて育った。後年になって知ったのだが東北地方（山形県置賜地域）では床の下の猫の糞ではなく天井裏の鼠の糞といったそうだ。この違いが何なのか不明だが、南も北も農家の長男は同じように育てられたことはわかる。

戦後の食糧難の時代で米・麦・甘藷（東北地方では木炭まで）統制品で供出割当てがあったから自分の家では雑穀を主食として米を捻出しそれを漁師の女房に祖母が売っていた。その度に札束を私に見せて「これもみんなお前のものぞ」というので私は嬉しくなって「うちは金持だね」といったものだ。だから私は自分の位置を誇らしく思い貧しいと思ったことはない。

中学生になるまでそんな暮らしだった。クラスの中に引揚者の子が数人いてこの中に弁当を持ってこれない子が3人いた。弁当の時間には外に出て膝を抱いてじっと空を眺めていた。あの光景は今も忘れられない。

わが家では私が小学5年になった1947年から父が「総領が一人前になった」と言って新しく葉タバコの栽培を始めた。それまでは田んぼには米、裏作に麦、なたね、畑には麦・大豆・甘藷（さつまいも）と自家用の野菜などを栽培し、父は冬の間酒造場に出稼ぎに行っていた。兵隊から戻ったのを機に酒造場をやめて本格的な農業経営に乗り出したのだ。そのような次第で私は子どもの頃から遊んだという記憶がほとんどない。子どもながらに労働の明け暮れであった。私だけでなく同世代の全国の百姓の子がそうであったのだ(3)。

3. 青春の彷徨

青年時代は悩み苦しみ迷いのたうった。けっして大袈裟ではなくまさしく「青春の彷徨」であった。まず父との衝突があった。私の高校進学を父は頑として聞き入れなかった。後で理解したことだが、潰れかかった山下家の再興を担って生きている父は当然のことながら家を潰すことを最も恐れた。そこでどうすれば家が潰れるかを考え、村の中で実際潰れた家の事例を検証した。結果、父が到達した結論が「教育」だった。「教育は家を潰し村を亡ぼす」が父の信念、確信となった。もっとも私が中学を卒業した1952年私の同級生で高校へ進んだものは136名中16名に過ぎなかった。百姓の親たちはつい先年まで高等2年まででよかったのに学制改革で新制中学になったために1年間余計に遊ばせねばならなくなったと大いにぼやいたものである。「6・3制、野球ばかりが強くなり」は当時評論家の大宅壮一が流行させた社会風刺だった。

私はそれまでの村の総領たちがやってきたように祖父や父のもとで徒弟制度のような百姓仕事(4)を仕込まれ、春はイカナゴ（こうなご）漁の舟に乗り玄海沿岸を西に東に艪をこぎ、冬は酒造場に住み込みで働きに出された。一般に杜氏と呼ばれるが私の地方では杜氏とは酒造りの責任者のことで、一般の人夫は「蔵男《くらおとこ》」と呼ばれる。父は私にも自分と同じ道を歩かせて暮らしの安定を計ろうと考えていたようだった。私は父に反撥しながらも従うしかなかった。父親は怖い存在だった。私は働きながら通信教育で高校を卒業しようと考え、東京の代々木にあった大手の通信教育で独学をした。2年で卒業してやると意気込んでいた。ところがこれまた家族とのトラブルの原因となった。夜更しすると当然朝寝をする。朝寝は百姓の大敵だ。「いつまでたっても百姓に身が入らない」と家族は大いに嘆いた。

2年がたった。大学入学資格検定試験を受ける年である。試験日は忘れもしない7月2日からだった。ところが当時私の村では半夏生の翌日から田植えと決まっていた。裏作の麦、なたねを収穫した後だからそうなるのだ。7月2日は田植えだった。田植を始めたばかりの時、私は試験だけでも受けさせてくれと父に懇願した。父は激怒した。「まだ、そんなことを考えているのか」と怒鳴ると私を突き飛ばした。私は下の田んぼへ落ち頭から泥田に顔を突っ込んで泣いた。「こんな家出てやる！」私は家出を決意した。

最初の家出は中学校卒業後2回目の春だった。酒造場の年季が明け、半年分の給金を貰い、父のお下りの柳行李を提げて家へ帰るふりをして私は逆方向の汽車に乗って博多駅へ向かった。行くあてはなかった。ともかくあの忌まわしい村から一歩でも遠くへ行きたかった。とりあえずはその日の夜行で大阪に行くつもりだった。出発まで時間があったので駅前の書店で1954年下期の芥川賞受賞作小島信夫の『アメリカンスクール』を立ち読みで読了したことを覚えている。穏やかな春の陽が射していた。

ところがまさに列車のタラップに足をかけようとした時、駅の構内放送で名を呼ばれたのである。放送室の方へ歩いていくと酒造場の先輩が3人駆け寄ってきた。その日突然祖母が危篤状態に陥り、家から酒造場に電話が入った。「もう帰った」「いや帰ってない」と大騒ぎになっていたのだ。私が信頼できる先輩に家出をほのめかしていたようで、私は脱出寸前に逮捕された。私が家に戻ると祖母はケロッとしていた。家族は何もいわなかった。あれは不思議な体験だった。虫の知らせという世界はあるのかもしれないと思った。

2度目の家出は翌年の秋だった。今度は失敗しないように工夫した。小倉（現在の北九州市）の大学に在学中の中学校の一級先輩と入念に計画を練った。昼間は働き夜間の高校に行く計画ですべては彼が手配してくれることになっていた。先輩は大学で文芸同人誌に参加しており、帰省した折々に私は呼ばれて彼の文学論を聞かされていた。大検をあきらめて夜の時間がぽっかり空いた私にとっては干天の慈雨のようなひとときであった。

計画通りに先輩の下宿に駆け込んだ日、初めて喫茶店なるものに連れて行かれた私は内心仰天した。高い天井からステンドグラスを通して溢れる光の中で、大勢の人たちがコーヒーを飲みながら談笑しているのだ。お天道さんの下で労働していない人たちを見たのは生まれて初めてだった。村では朝から晩まで目が見える間は田畑で働き、夜は夜なべまでしているのに昼間からコーヒーを飲んでお喋りをしている人生もあるのだ。これから私もその仲間入りができる。そう思うと胸が高鳴った。先輩の下宿には2泊した。先輩は私の仕事先を捜してくれていたが、当時は大変な不況でポット出中卒の田舎の少年を雇ってくれる所などなかったのだ。私は昼間は下宿で小説を読みふけり、夕方は早々に銭湯に行って初めて体験する都会暮らしに酔っていた。3日目の晩、先輩の文芸同人誌のメンバーが集って私の歓迎会をしてくれることになった。今でいうスナックバーに行ったのもその時が初めてだった。既に5人のメンバーが集まって飲みながら文学談義をやっていた。なにしろみんな私にとっては憧れの大学生である。私は隅の席で身を固くしてひたすら聞き耳を立てていた。ひと言も発しなかった。太宰治とドストエフスキーの名前がよく出ていた。「カラマーゾフの兄弟」で議論が延々と続き、私には理解できず、夜も更けてきた。しかし誰も席を立たない。この人たちは明日の仕事の心配をしなくていいのだ、と思った。羨ましい存在だった。

ところが帰る時になって先輩が私を呼び出し「すまんが立て替えといてくれ」という。誰も金を持っていなかったのである。

私の頭の中で電撃のような衝撃が走った。その時私は8、000円を持っていたが、半分だけ渡して「これだけしかない」と嘘をいった。終電はとっくに終っており私は先輩の後について電車道をトボトボと歩いて下宿に戻った。私は村に帰る決心を固めていた。

遠い昔の話だがいまも新幹線が小倉駅に停車し眼下の紫川を見るとあの時のせつない夜を思い出す。人は老いても記憶は年を取らないもののようだ。

その時、私は思った。私が逃げても村も家も農業も残る。誰かが受継いでいかなければならない。逃げ出すのではなく、逃げなくていいような農業と暮らしを自分たちで築いていかなければならない。私はそう固く決意していた。

4. 百姓になる

私は百姓になる決心を固めた。学問や文学などというたぐいのものとは一切縁を切った。ところがこれまた私の悩み苦しみ迷いの始まりだったのである。農業が楽しくないのだ。毎日働いているわけだから仕事が楽しくないということは人生の大部分が楽しくないということになる。

農業そのものは親から子への伝承技術から耕うん機や化学肥料や農薬を使う近代的な形態に変わりつつある時代だった。牛を使って田んぼの代掻きをしていた頃、1週間も10日もそれが続くと牛をムチ打ち叱汰する声が枯れて出なくなったものだが、黙っていてもクラッチを入れればひとりでに動き出す耕うん機には感動したものだ。しかし仕事が楽にはなったが楽しくなったわけではない。この問題でも私はずいぶんと悩んだ。

そのころ九州には有名な農民指導者がいた。熊本県八代郡昭和干拓（現在八代市）の松田喜一（1887～1968）である。県農業試験場の技師から転じての農業講習所開設に始まる「松田農場」は場主の死で閉鎖されるまでの40年間に1年以上の長期の卒業生4、000人、短期（2泊3日以上）の講習生5万人を送り出し九州をはじめ西日本の農業関係者では知らない者はいないという存在だった。各地での講習会に集った人の数は計り知れないといわれている。事実、昭和21年秋の講習会には全国から7、000人が押しかけ、水田の畔を枕に寝たという伝説と写真が今も残っている。各地に「農反会」なる組織があり「農反」という機関紙が配られ、教祖の教えが伝えられ、ほとんど信仰に近い雰囲気があった。

私の父も熱心な信者で、小学校の講堂で講演会があると父はかならず私を連れて行った。講演会場はいつも満員で笑い声が絶えなかった。子ども心に話の中味はよくわからないがなんだかみんな元気になって帰っていく。そんな姿が悩裏に焼きついている。

農業が好きになれずに苦しんでいた私は松田喜一の教えにすがったのである。八代の干拓地にある「松田農場」にも2泊3日の短期研修に行き（父は大喜びした）松田の著作を読み漁った。百姓になるための修業である。

松田の教えをひと言でいえば「農業を楽しむ人間になれ」であり「仕事を労働にするな道楽とせよ」である。そんなことが可能だろうか。松田の教えを2つ紹介する。

〈抜苦与楽の道〉

苦しみを抜け出し楽しみとする方法では、人は苦しみと楽しみの中間に生まれるとして

楽――――――――――●――――――――――苦

の図を書き、「人は苦が嫌いで楽が好きだから楽の方へ楽の方へと進む。中心点を楽の方へ動かしてみるとよくわかるが、楽の方へ進むほど楽が減って苦が増える。逆に苦の方へ進めば苦が減って楽が増えてくる。」松田はこんな例え話で教えた。「鍬を使うと手にマメが出来て痛む、これが苦だ。だから手袋をするとますます掌の皮が薄く

なってマメが増え、これがつぶれて痛む。これが地獄である。逆に掌の皮を鍛えマメは掌にではなく鍬の柄にできるようになればその苦痛から解放される。そうやって目の前の苦を克服していく以外に苦から逃れ楽に至る方法はない。」

〈百姓の5段階〉

(1) 20姓――生活のための百姓

(2) 40姓――芸術化の百姓

(3) 60姓――詩的情報化の百姓

(4) 80姓――哲学化の百姓

(5) 100姓――宗教化の百姓

(1)生活のためにする百姓の目的は虚栄と享楽であるからして常に生活から追いかけられる。一生涯生活に追いかけられるか生活を追い抜くかがポイントである。(20姓)

(2)金がたまると農業から離れていく人が多い。これは農業の志が低いためである。財をなしてもなお農業に励む

百姓。農業の持つ芸術性が面白くてやめられない百姓。（40姓）
⑶田園の詩的生活に入った人。四季折々の移ろい、農作業、風物すべてに詩を感じ詩を見て生きることのできる百姓。（60姓）
⑷天地の声なき声を聞く百姓になることである。我等の御対手が天地であるからには耳をそば立てて聞かねばならず、よく聞けば天地の声が聞こえてくるのである。天地の声のことを「真理」といいこれを説く学問が哲学である。我等の哲学を土の哲学という。（80姓）
⑸百姓の最高峰で、農業こそ神仏に近づく道である。農作物や動物が芽が出たり生まれたりするのはことごとく天と地の霊力である。すなわち神の力であり農業こそ神に仕え近づく道である。（100姓）

松田はこのように説き「20姓から40姓へ進め、60姓に届け80姓に昇れ、そして百姓に座せねばならぬぞ」と諭している。

百姓が好きになれなかった私は間違いなく松田喜一の教えにすがって百姓になったと思っている。どこまで昇れたかはわからない。

ところが思いもかけない方向から松田思想に対する批判の声が聞かれたのである。遠い昔のことで日時も場所も覚えておらず、発言もその通りだったかどうか私には自信がないがおよそこのようなことがあったのだ。

あるシンポジュームでお茶の水女子大学の原ひろこ教授と同席した。たぶん私が自分が百姓になった体験を語ったのだと思う。対して教授からいわれた言葉が今も忘れられない。「あなたね、それは方向が逆じゃないの。農業、農村、農民の社会的地位向上のためにこそ努力すべきであってそれに背を向けて自分の殻に閉じこもるのはよくない」。

このような意味のことをとても優しくいわれたのである。私は少なからずショックを受けた。数日後、『母性から次世代育成力へ』（原ひろ子・舘かおる編 1991）と題する本の一部コピーの冊子が送られてきた。それには次のようなことが書いてあった。

明治末期から大正の初めにかけて内務省の天野藤男（１８８７～１９２１）を中心に農村の農林の青年男女の教育方針が動議され青年団、処女会、娘会などの組織を通じて、働き者で日焼けした若者を好ましく思う感情を女性の中に育てることで郷土愛、愛国心を培う教育を国策で実施することが決められた。天野は目指すべき理想像を都市のインテリ層の女性の「良妻賢母」に対して農村女性を「働妻健母」と称したという。

報われることの少ない労働に黙々と励む夫と共に汗を流し健康な子を次々と生んでくれる女性を国が育てようとしていた。つまり私などは自から進んで国策を先取りしているると教授はいいたかったのだろうと思う。愛国者も軍国少年もそうやって育てられたのだ。私は松田思想を見る別の視点を教えてもらった。

国による米の減反政策が始まったのは数年後だった。

5．転機（国と争う）

私の百姓人生に転機が訪れた。１９９６年四国のミカン農家４人が原告となって起こした国家賠償を求める裁判に私はかかわることになった。

争のいきさつはこうだ。ある農業団体の労働組合の幹部がわが家へやってきて、国と裁判をやるので原告団長になってくれという。国が奨励したミカン栽培で損をしたので国家賠償請求の裁判をやろうというのである。私もミカン栽培に百姓人生をかけて挫折した百姓のひとりだが、いまさらそんなことをやっても何の意味もないので断った。ところが彼等は四国のミカン農家に「山下が原告団長になるから参加してくれ」と説得して裁判に持ち込んだのだった。もちろん私は取り合わなかったが国が相手の裁判だから行政も農協も資料を提供してくれない。そのため私の著書4冊が原告側の証拠書類として提出された(5)。そのため証人として裁判所へ呼び出された。足かけ5年かかったが実際には書類審査で法廷は1回だけでその時私は東京地裁に出頭した。

私は驚いた。国側は「ミカン栽培を国が奨励した事実はない」と主張するのである。「ミカンは儲かると考えた農家が植え過ぎるのでそれを抑制するのに予算をつけたほどだ」という。つまりみかんブームを作ったのもそれに踊って損したのも農家の自作自演、自業自得だというのである。私はあ然として言葉を失った。

最大の争点はオレンジ、果汁の自由化（オレンジは１９９２年、果汁は１９９３年）によって国内ミカン価格に影響が及んだのかという点だった。国はその前後の東京大田市場の温州ミカンの価格を提示してきた。自由化の前と後ではほとんど変化はない。

生産現場ではどういうことになっていたかといえば、選果場が出荷制限をして引取らないため腐りはじめたミカンを生産者は山の谷や川に捨て、これを「山川市場」と自嘲していた。わが家も親戚の酪農家に牛のエサとして引取ってもらった。例えていえば１００個のミカンのうち99個を捨てて1個だけを出荷して、そのことによって市況が維持されているという状態だったのである。

しかし「それは生産者側の販売の都合であって国とは関係ない」。国側がそういうので私はいった。「ミカンの値段が下がっていないのにミカン農家が雪崩を打って廃業していくのはなぜですか。説明してください」

「それは農家の都合です」糠に釘であった。

後日、親しくしていた農水省のOBに話すと「あれだけの予算をつけてパイロット事業でやったわけだから国に責任がないとはいえない」といい、一方現役は「冗談じゃない。そんなことで責任取っていたら訴訟の集中砲火で農水省は吹っ飛んでしまいますよ」だった。つまり、何があっても国に責任はないというのだ。これはすごいことだと思って裁判の記録を『農政棄民』（山下 2001）で出版した。私の中で大きなものが吹っ切れた気がした。私は自己責任でやれる農業にする。国や社会のためでなく自分のための百姓をやる。

私は暮らしを目的とした身の丈サイズの小規模農業「小農」を目指すことにした。社会の変動にも農畜産物の自由化にも耐えられる農業、百姓暮らしを模索した(6)。

私の「大規模農業批判」は次の通りである

(1)大規模農業のあるところには一方にぼう大な土地ないし農民がいて都会にスラムがあり貧豊の差が大きく治安が悪い。（世界各国の農業を見て回って一番強く感じたことである）

(2)大規模化は単作化である。単作にすがるから規模拡大しなければならない。逆にいえば単作にしなければ大規模化はできない。機械化が進み人がいなくなりコミニティが消滅する。

(3)これは農業の工業化システムであり、いったんこのレールに乗ると路線変更も後戻りもできず倒れるまで進むしかない。仕事が労働になる。

(4)生殺与奪の権を外部に握られる。機械、資材、肥料農薬、飼料……ガソリンの値上り、エサが高くなった……自分の努力ではどうにもできない。勝利者は農場の外にいる。

(5)環境破壊と食の危険性。健康被害が進む。アメリカ農業が抱える深刻な問題は（イ）地下水の枯渇、（ロ）表土流出、（ハ）塩類集積である。一方、食については遺伝子組み換え、成長ホルモン、抗生物質の多投。アメリカ

では母親の母乳から除草剤が検出されたという報告もある。（フランセス 1988、堤 2013）

対極にあるのが小規模農業。その典型がロシアの「ダーチャ」であろう。私はダーチャが見たくて2回ロシアへ行った。最初は一般の観光ツアーでモスクワとサンクトペテルブルグへ行った。ダーチャを見せるツアーがないので観光ツアーで行って現地ガイドに頼んでみようと考えたのである。しかしこれはかなわなかった。「立ち入れない」というのだ。「外からでもいいから見せてくれ」と頼んでバスを一時停止してもらった。しかし雑木林の中に小屋が点在しているだけで何も分からなかった。ところがサンクトペテルブルグに到着した金曜日の午後、郊外のダーチャへ向かう車で大渋滞の光景に出くわした。

「今からダーチャへ行って土曜、日曜と死にもの狂いで農作業をして、月曜からはまた会社で休養する。だからロシアの経済はいつまでたっても発展しないのだ」現地ガイドは吐き捨てるようにそういった。

ロシア専門の小さな旅行社がダーチャの旅を企画するようになったので２０１３年8月に3泊4日でハバロフスクのダーチャ体験に行った。やっとダーチャのすべてが理解できた。２泊したのは元市交通局勤務の夫（68）と幼稚園の先生だった妻（65）のダーチャ（別荘）だった。夫妻は夏の間ダーチャで暮らしながら冬の間の食料を確保し、長い冬を市内の高層アパートで暮らす。冬は零下40度になり農作物が育つ期間が１２０日しかない環境下での生活の知恵である。６００平方メートル（６アール）の畑で25種類の野菜と25種類の果実（というより木の実）を育て、妻は５００ミリのペットボトルで５００本もの果実酒を作って地下室に貯蔵するという。つまりダーチャは一年間の食料の貯蔵庫なのだ。そのため周囲を厳重に鉄板で囲ってあり入口には猛犬がつながれている。ここは個別のダーチャだが、集団で行っている「ダーチャ村」には入り口に守衛がいて村の中には自治が機能していた。なによりもみんなが楽しそうなのが印象に残っている。

ダーチャは「住民副業経営」と分類されロシアの統計によれば国民の70％が参加し、ジャガイモの90％、野菜の77％を生産しているという。（豊田 2013）

「家庭菜園で人類が養えることをダーチャは証明した。希望は再びロシアから」と関係者は意気軒高であった。２０１４年。国連はこの年を「国際家族農業年」と定めて各国政府に対し「小規模家族農業が舞台の中央に立つ」政策の展開を要請した。その報告書の日本語版（国連世界食料保障委員会専門家ハイレベルパネル 2014）に私はわが意を得た思いがした(7)。

内容をおおまかにまとめると、⑴小規模家族農業は世界の農業の90％を占める。⑵世界の飢餓は零細家族農業への支援なしには解消しない。⑶小規模家族農業は環境保全、生物多様性にすぐれ土地生産性が高い。⑷それぞれの民族にとってのふるさとでの伝統文化の継承者である。⑸農業の専門特化はリスクを高める。

この報告書に勇気をもらい背中を押されて私たちは九州を中心に「小農学会」なるものを立ち上げた。２０１５年秋のことである。日本列島の津々浦々を支えている地の塩のごとき小農に勇気と自信を持ってもらうことが唯一の目的だ。私はそう考えている。現在の会員は２１０名。鹿児島大学の副学長から百姓に転じた萬田正治さんと私が共同代表となっている。国を護るは民を護るなり、民を護るは食を護るなり、食を護るは農を護るなりである。新しい農本主義を育てたい。

注

⑴ 「江戸時代の農民は食料は自給していても家族はそれぞれにもうかる仕事もやっていた。そういう意味ではみんな二足のわらじをはいていた。そのような村人を百姓と呼ぶのである。」（田中 2000）

⑵ 「ＪＡからつ」通常総代会資料、平成29年６月27日。

(3)『山びこ学校』：山形県山元中学校（現在上山市）の生徒が書いた生活綴り方が出版されてベストセラーになった。当時級長の佐藤藤三郎さんはいまも健在で私とも交友が続いている（無着 1951）。

(4) 江戸中期に確立されたとされる農法は戦後１９５０年代まで引き継がれていた。私たちの世代は最後の体験者である（古島 2008）。

(5) 国家賠償請求裁判で原告側の証拠資料として提出された拙著。『野に誌す』六芸書房、１９７３年。『一寸の村にも五分の意地』ダイヤモンド社、１９８２年。『日本の村再考』ダイヤモンド社、１９７５年。『村からの本音』ダイヤモンド社、１９８０年。

(6) 守田志郎（1975）『小農はなぜ強いか』農山漁村文化協会、他。守田の著書はほとんど読んだ。

(7) 国連はさらに、２０１７年12月20日第72回総会で、２０１９年からの10年間を新たに「家族農業の10年間」とすることを決定した。

参考文献

国連世界食料保障委員会専門家ハイレベルパネル（2014）『家族農業が世界の未来を拓く：食料保障のための小規模農業への投資』農山漁村文化協会。

田中圭一（2000）『百姓の江戸時代』ちくま新書。

堤未果（2013）『（株）貧困大国アメリカ』岩波書店。

豊田菜穂子（2013）『ダーチャで過ごす万緑の週末』ＷＡＶＥ出版。

原ひろ子・舘かおる編（1991）『母性から次世代育成力へ――生み育てる社会のために』新曜社。

古島敏雄（2008）『農書の時代』農山漁村文化協会。

フランセス・モア・ラッペ他（1988）『世界飢餓の構造――いま世界に食糧が不足しているか』鶴見宗之介訳、三一書房。

松田喜一先生伝記編集委員会（1972）『昭和の農聖松田喜一先生』興文社。

無着成恭（1951）『山びこ学校――山形県山元村中学校生徒の生活記録』青銅社。

山下惣一（2001）『農政棄民――それでもみかん農家は負けない』恵友社。

〔やました　そういち／農民作家〕

これからの社会福祉と農

―精神障がい者と地域住民にとり豊かな暮らしを実現できる農福連携とは何か―

佐々木秀夫

1．日本政府の農業と福祉の連携の潮流

昨今、農福連携の動きが全国的な広がりをみせている。背景には、農業従事者が高齢化、減少するなかで、2017時点で423千haと東京都の約2倍の規模の耕作放棄地が存在し、産業としての日本の農業維持が喫緊の課題であることと、一方で障がい者福祉において、特に2006年の障害者自立支援法施行以降、障がい者の就労による社会参画が大きなテーマとスローガンとして力が入れられており、両者のニーズの合致が挙げられる。農林水産省および同省政策研究所、厚生労働省などが中心となり、これまで福祉事業所の農業実践、農業事業所の障がい者雇用の事例研究や、農業従事者と障がい者のマッチングに関する研究などが取り組まれてきた。2017年3月8日には農福連携推進協議会が全国組織として発足し、地方自治体を巻き込んだ全国的なムーブメントとなりつつある。政府も「日本再興戦略2016第四次産業革命に向けて」、「ニッポン一億総活躍プラン」（共に2016年6月2日閣議決定）において、「障がい者、難病患者、がん患者等の就労支援をはじめとした社会参加の支援、こと農業分野での障がい者の身体面・精神面にもプラスの効果がある農福連携の推進」を謳っている。このような障

がい者の雇用を軸として産業としての農業の活性化を全国規模で推進する大きなムーブメントが農福連携として起こりつつある中で、社会福祉と農について、精神障がい者と地域住民にとって豊かな暮らしを実現できる農福連携とは何かという切り口で考察を試みたい。

2．日本の高度経済成長期以降の心の病と時代との関係

まずは、精神障がい害（者）と日本の急速な近代化、こと高度経済成長期は、二つの意味で切り離すことができないことに触れたい。一点目は、戦後復興から１９５０年代以降の急速な経済成長の流れのなかで精神障がい者は入院中心主義の医療政策のもと、隔離・収容の対象となったということである。身体障がい、知的障がい分野の地域福祉施策も決して十分なものではなかったとはいえ、身体障害者福祉法（１９４９年）、身体障害者雇用促進法（１９６０年）、精神薄弱者福祉法（１９６０年）など、少なくとも制度・法的には社会復帰や就労支援の姿勢で進められた。一方、精神障がい者は精神衛生法（１９５０年）のもと、医療保護・隔離収容といった地域福祉の潮流とは１８０度逆の動きが続いた。特に東京オリンピック（１９６４年開催、１９５９年開催決定）とも連動し、治安的な動きも加わり、１９６０年代に精神科病院数、精神病床数、入院患者数ともに急増したが、今改めてこの状況を振り返ると、高度経済成長下での合理性や生産性、拡大を追及する価値観、尺度が主流を占めるなかで、精神障がい（者）は排除の対象、更には社会に危害を及ぼす存在ですらあり、当時の日本社会全体が精神障がい者に対する人権や人間理解に関して鈍感で無理解な社会であったとは言い過ぎであろうか。今日でも、このような価値観は薄らいだとはいえ、依然現存する。

二点目は、心の病は社会と密接に関連して病として引き起こされ、社会世相を反映し社会と密接に関連するものであるが、特に日本の急速な近代化・都市化、高度経済成長期の社会観が「こころ」に与えた影響については、いまだ十分に総括されているとはいえないという点である。病の要素は、社会世相を反映するが、ある要素はタイムリーに、ある要素は世代を跨いで、病を引き起こすといった具合に、病の要因と時代は複雑かつ密接に関わっている。例えば昨今社会問題になっているニート・引きこもりといった新しい心の病（病と定義づけられないファジーなものも含め）も、現代のネット社会・コンビニ社会など、顔を合わさず、会話をせずに生きていける社会環境が一要素であると同時に、高度経済成長期に日本古来の地域や大親族などからなる血縁・地縁社会が急速に崩れ、核家族化・都市化、企業社会化が生み出した孤立した社会環境で生まれ育ったことも大きく影響している。また、経済を牽引してきた企業的価値観や、それを下支えした教育の影響、その反動ともいうべき経済的な豊かさを動機とした労働への価値意識の低下が生じるなど、ニート・引きこもりの病理も、親の世代、更にはその上の世代の生み出した社会像・価値観の影響が世代をまたがり、心の現象や病理となり表出されている。

40～50年前と比較すると、精神障がい者に関する福祉制度や、精神障がい者が地域で暮らし、働く環境の整備など、精神障がい者をとりまく環境は進展・変貌を遂げている。一方で、引きこもり、ニートの増加や、心の病の多様化をはじめ、「こころの病」は、戦後経済成長期以降の社会との関係の観点で、まだ完全には総括されているとは言い難い状況である。

3．この50年間の精神障がい福祉の変遷

⑴　精神障がい者小規模作業所運動について

それでは、この40～50年間の戦後高度経済成長期以降の精神障がい福祉の変遷を概観し、そのなかで地域精神福祉におけるひとつの大きな動きについて触れたい。戦後の福祉制度・政策において、精神障がい者は福祉の概念から完全に蚊帳の外に置かれ、保護・隔離・治安・収容政策が続いた歴史のなかで、１９９５年の精神保健福祉法制定で「社会復帰の促進及びその自立と社会経済活動への参加の促進地域」が謳われ、本格的には２００３年の精神保健福祉医療の改革ビジョンが提示され、ここで「入院医療中心から地域生活中心へ」というスローガンが具体的な施策とともに提示された。このように他障害と比較し、地域化とそれを推進する法整備が遅れたなかで特筆される動きとして「精神障がい者小規模作業所運動」が挙げられる。小規模作業所運動の原点は、養護学校の主に知的障がいの卒業生が地域で働き・暮らす場として１９６９年に名古屋のゆたか作業所でスタートし、その後養護学校教職員や家族、一般市民の手で全国的に展開されたものであるが、精神障がい分野の小規模作業所運動は、身体・知的障がい者の小規模作業所運動に影響を受けながら、約10年遅れの１９７０年代半ばよりスタートした。当時は入院収容主体の精神医療が中心で、一部では試みがあったものの、精神障がい者が地域で暮らす発想がほとんどなかった時代において、入院患者が、病状が良くなり退院したものの、地域で孤立し、服薬管理はじめ、生活サポートが行き届かずに、病状が悪化し再入院を繰り返すという、所謂回転ドア的な状況を目の当たりにした病院ケースワーカーや家族などを中心に、退院後の精神障がい者が地域で日中暮らす場、働く場の必要性が謳われていた。そして精神障がい者小規模作業所づくりが、公的補助金が一切ないなかで、家族、一般市民を巻き込み展開された。

財政面では公的補助金ゼロ、国の法定外事業、すなわち「無認可」事業所との位置づけでスタートした(1)。

当時、職員として入職したものは、精神科病院の医療ワーカー、家族に加え、新卒の学生や一般市民も多く存在した。1970年代後半から1980年初頭に活動していた実践家の話からは、「当時、職員は質のバラツキは現在よりは大きかったものの、一方で専門職としての資格も、地位も何もないなかで、当事者と向き合い日々試行錯誤の生活を送るだけで精一杯だった」という声も数多く聞かれる。支援者は、そのような生活の中から、当事者に対する気づきと発見を繰り返し、精神障がい者観と社会観が形成されていった。1980年代当時の職員からの語りからは当事者からの「学び」というキーワードが聞かれる。向き合う内容は決して良い話だけではなく、葛藤や挫折も繰り返しながら、当事者を一人の人間として理解し、更には当事者から多様な価値観・人間観を学び、支援者の人生にも大きな影響を与えた。また、当時関わった当時の職員や支援者のなかには、自発的に昼夜を問わず没頭的に運動に入り込んでいったものも数多く存在した。この運動は、精神障がい者が地域で暮らすなどという発想が少なかった社会情勢のなかで、精神障がい者が地域で暮らす場の必要性を感じた家族、精神科病院ワーカーと市民ボランティアが地域住民を巻き込み、自発的なエネルギーで全国に精神障がい者の小規模作業所だけで1700箇所以上にも広がった。地域における自発的な動きが運動として広がり、地方自治体の補助金創設に繋がり、入院収容中心主義の精神障がい者施策に風穴を開け、精神障がい者の地域定着への流れを作り出したという意味で大きな意義がある。本稿では特にそのプロセスにおける「当事者を一人の人として人間理解すること」や「没頭的に引き込まれて生まれた自発性」の意義に注目したい。

(2) 制度化にともなう地域精神福祉の変化

前述のとおり、1995年に精神保健福祉法が制定されノーマライゼーションが唱えられ、また1996年より障害者プランが、2003年より新障害者プランのもとで、精神保健福祉医療の改革ビジョンが提示され、ここで具体的に「入院医療中心から地域生活中心へ」というスローガンが具体的な施策とともに提示された。そして、2006年に障害者自立支援法が施行された。一方で1997年に精神保健福祉士制度が設立され、1990年度から2000年度にかけ、社会福祉学科が急増するなど、精神保健分野においても、法整備とそれを下支えする資格制度化、教育制度が整備された。しかし、こうした流れのなかで、精神障がい者の地域福祉の実践や、その考え方において、次第に支援者と被支援者という関係性も強まり、「福祉サービス」という時間・経済的な合理性をベースとした概念も浸透し、「就労」を軸とした一般社会への統合の意識も日に日に強まってきた。福祉現場の職員と職場は、細分化された福祉制度の中で、しっかりと着実に役割を果たすことが求められ、一方で、制度を超えた俯瞰的な思考、制度がない課題に対する問題意識と発想・課題化と行動が希薄になる、などといった状況も散見されるようになってきた。

制度や身分保障などがないなかでスタートした40年前と今日の制度化された福祉は、時代背景の違いもあり単純な比較は出来ない。しかし、制度化に伴い、制度の枠組みのもとでなされる福祉サービスにおいては、時間・費用などの合理性が問われ、支援者と被支援者の関係もサービス提供者と受容・受益者として、両者の対等性も薄れつつある面も否めない。

そこで、「当事者に一人の人間として向き合うこと」や「支援者が当事者から学びをえる」といった支援者と被支援者の対等性、そして「小規模作業所運動への没頭」などの自発性の意味を、以下の観点で考えてみたい。

精神病理学者の木村敏は「もの」と「こと」という言葉で、認識の意味の違いを指摘している。対象物として客観的に第三者的に捉え、認識することが「もの」であり、一方、「こと」は「ことがこととして成立するためには、私が主観としてそこに立ち会っているということが必要である。〈中略〉ことが純粋にこととしてとどまりうるためには、それはいつでもものとして意識化される可能性を持ちながら、しかも意識の集中をまぬがれた未解決の状態におかれているのでなくてはならない。」（木村1982: 18）と、その場に身をおき、時を共にし、且つ客体化しない不安定な状態に保つことであると述べている(2)。

かつて40年前の小規模作業所の現場では、精神障がい者と職員や関係者は、同じ時と場を共有していた。職員は「こと」的に精神障がい者を捉え、その関係は一人ひとり、日々刻々と変化し続ける一人の人として、生涯にわたりその関わりは続いた。このことは、日々の小さな出来事から支援者が感じたこと、気づいたことが累積的に生涯にわたり積み重なり、大きな印象として支援者と当事者との関係が続き、支援者の人間観や人生観形成が、生涯にわたり継続的になされたことを意味する。勿論今日でもこのような関わりを実践している福祉従事者は多く存在するものの、制度化と福祉サービスに則った現場においては、職員は精神障がい者の利用者のことを、福祉サービスの制度の名のもとに、ともすると、サービス対象者として捉えがちになる。すると、その時点で「もの」的な捉え方になる。その場合は、同じ時間と場において「こと」的な時間の共有はなされずに、客観的な「もの」として固定化される。「変化し続ける一人の人間との連続的な関係性」としての関わりは、サービスには時間的制約などの事情もあるが、それ以前に「サービス提供」という概念に陥ってしまうことで、支援者の意識は被支援者をサービス対象者とし、逆に支援を受ける側もサービス利用者と、双方で「もの」として固定し合うことが、少なからず社会福祉現場の現状で起こりがちな問題の本質の一つではないだろうか。精神障がい者＝精神に障害のあるものとして捉え、精神に障害があることに対する関心と純粋に一人の人間として時間をかけてかかわり続けていく視点が持ちにくくなる。逆に「もの」としての捉えかたが主となれば、客観的合理性のもとで、例えば就労を例にとれば、就労適性、就労に繋げる件数、得られる賃金額など、数値的なものも含めた合理性が重視され、市場化の傾向へと繋がる。あるいは障害特性や診断名に捉われすぎると、逆に当事者本人そのものと純粋に向き合い、相互の関係において感じて理解し合うという基本的な関わりを見失いかねない。

誤解を招かぬように、適切な診断やそれに応じた適切な対処、就労支援などの行為そのものを筆者は否定していない。しかし、たとえば、就労や身の回りの生活管理が関係機関や支援者を通じ適切に支援されようと、それだけでは、人は幸せには生きることができず、魂の支援、心の拠り所とでもいうものが得られない限り、人間は生きることはできない。その心の拠り所は、「もの」として捉える限りは当事者の心の拠り所は生まれず、ある時間軸の中で継続的に当事者と「こと」的な関係性で関わり続ける中で始めて生まれるものであると考える。40年前の精神障がい者小規模作業所運動の頃の時代と現在では「こと」的な関係性が薄れ「もの」的な思考が強まる傾向に変質しつつあるように考える。決して、懐古的に以前の関係性のみを是としてはおらず、またそれが意図ではなく、制度を活かしながら「こと」的な関わりを如何に実践していくかが課題であることを述べたい。

自然と人間の関係、農と人間との関係にも同様に当てはまる。「従来の日本人的自然観は、自然と人間が同じ時空を生きていて、自然と人間が一体的世界をつくっていることを当然のこととしてきた」（内山2010：41）と述べられているように、日本の共同体は自然と共生する生活を営んできた。また、「農家は生活と生産において、つねに自然のある側面に接している。〈中略〉自然との対峙の日々を過ごしているという意味において、農家の人達が、人間のもっとも一般的な存在形態として見えてくる」（守田1978：142）と、自然のなかで農を通じた生産と生活が一体化されていたことが、日本の農山村文化、共同体の特徴であった。しかし、近代合理化と都市化のなかでこれらは崩壊し、逆に自然を、開発・経済の対象として「もの」的に客体化し、拡大する工業化の道を歩み、それと同時に自然と共生してきた「こと」的思考も急速に廃れていった。福祉、農、農山村コミュニティともに、「こと」的思考が薄れ「もの」的思考に変質した点において共通する。

さて、人口減少に転じ、今後本格的な超高齢化社会を迎える時代背景を踏まえ、改めて真の豊かさとは何か、真の豊かさを実現する農とは何かを考える上で、心の病と農の関係を考えたい。心の病と社会像は表裏一体、投影する鏡のような関係であり、心の病と農の関係を考えることは社会と農の関係を考えることに繋がるからである。

4．心の病と農

(1) 心の病と農の関係について

筆者が関係する、農を実践する精神障がい者の事業所に、退院したばかりの当事者がお母様と一緒に見学に来られたことがあった。本人は終始うつむいたまま、最後まで一言も話さず、お母様が終始代弁され、最後にお母様が涙を流され、初日はお帰りになった。その方は徐々にだが農に取り組み、次第に農を中心とした一日が形成されるようになった。ある日、本人から「おはようございます」と挨拶をかけられ、また仲間と会話をする姿をみられるようになり、笑顔まで漏らすようになった。その方は農を中心とした生活を2年ほど続け、やがて就職し、旅立っていかれた。日々、自然のなかで無心に体を動かすことと、仲間との繋がりで、回復に至ったのである。このような事例を数多く目にし、「「農」や農のある「場」が心病む人を変える力は何なのであるか」に関心を持つようになった。

心病む者が農と向き合うきっかけは多様であるが、「癒し」或いは「自然とのふれあい」という言葉とは程遠い状況で農と向き合う者も多い。心の病のあるもの、引きこもっていた者の中には、現代の人間社会において、自らの生に対し活路を見出せずに死を考えつづけながら漠然と農にめぐり合ったものも多い。農の経験がないものが大半で、最初から農に対する明確な関心や興味を持って臨むものは、むしろ少数派かもしれない。例えば「心の痛みを日々抱きつつ「死にたい」という思いだけを抱きながら、死に至るまで自らの身体を酷使し続け、体が痙攣するまで農と向き合ったが死ぬことができなかった」と自身の農との向き合いを振り返る者が存在した。また、人の中で暮らす人生に、望みや生きがいを感じられず、人を避け続け、死も意識しながら結果的に辿り着いた場が農であった者。入院生活で心身ともに力が弱り、ほぼ何も考えられない状況で、畑でたたずむだけの状態から農を始めた者。など、心病める者が最初に農と向き合う状況や場面は人により異なり多様である。自身の死と常に向き合いながら農と関わる死と隣り合わせの農は深遠な場である。このように、心病む人と農との関係は、多様な、自然との相互の関わりから、心に影響を与える関係であることを、多くの利用者の言動から実感してきた。

現代社会で心の病は非常に多様化しているが、敢えて一言で表現するのであれば「自己性の喪失」（木村1982: 68）と言える。自己を見失った者が農とかかわる事により、どのように自己を位置づけ自己を回復していくのであろうか。守田志郎は「農業は、小なるがゆえにこの（自然の）循環との兼ねあいに自己を位置づけることができ、したがって小なるがゆえに大地に太く根をおろしてゆるがないのである。」（守田1978: 144）と述べており、等身大の自然の場に自己を位置づけ、自己を感じることができる。それを可能にするのはあくまでも自然の循環を自ら感じ取ることができる小農であると述べている。農を通じた心の回復のプロセスに関する詳述は別稿に譲るが、回復に重要な要素のひとつとして「自らが感じることができる等身大の自然の循環」と「自己性の回復」の関係性が考えられる。農は決して楽なものではなく、等身大の自然の循環を感じるということは、人間が農を通じ自然の中で汗をかくことから始まり、身体の疲労、消耗も含まれ、自らが自然の様々な循環に身を置きながら自己の五感で通じ、自然と自己の位置づけを認知していくことである。そのようなことを通じ、死だけを考えていた者が前向きに生きようと生を取り戻すこと、言い換えると、短期的な死から「長期的な死を見据えて積極的に生きる」という思考転換がなされ、そのきっかけが「自己性の回復に繋がる農」であり、心病む者に対する農の本質的な意義であると考える。

(2) 心の病から農福連携を考える

このように、心の病と農の関係から農福連携を考えると、精神障がい者が農を通じ自己性を確立するという観点に関心・発想を持ち、それが実現できるような農空間や場が担保されることが極めて重要となる。また、心の病の特徴が多様であるのと同様、農との向き合いかた、回復過程、回復後の姿、生活、人生も幅広く多様である。従って、農を賃労働としての就労、生産性、費用対効果、障がい者雇用といった数値的目標などの一つの価値尺度だけで捉えるのではなく、多様な心の病のある者一人ひとりが農に向き合いながら生きることを純粋に受け入れ、向き合うことができる環境設定とそれを可能とする考え方が求められる。言い換えると、人の生き方の多様性を受容でき、担保できる環境設定が、心の病と農福連携、さらには、人の心と農の関係で一番重要な観点であると考える。

農福連携に関する議論において、農の担い手の高齢化がここ数年深刻化し、産業としての農業の維持、従事者・担い手としての障がい者とのマッチングが農業側の喫緊の課題であり、障がい者福祉の立場からは、障がい者の就労機会の提供、賃金保障など、経済的な生活保障の観点がこれまで大勢を占めてきた。農業維持、障がい者が一般社会の枠組みのなかで経済行為へ参画し、経済的自立を図ること自体は否定しない。しかし、「農：生産性を求め、経済的な価値を生み出す農業」、「福：就労の機会・賃金獲得」という構図だけでは、人間が生きるうえでの真の豊かさは得ることはできない。心の病からの回復に重要な要素として挙げた「自身が感じることができる、等身大の自然の循環」と「それを感じることによる自己性の回復」、「生産と生活が繋がることを認知できること」などを、農の本質的な意義として捉え、実践することが、特に心の病を抱えた精神障がい者に対する、農福連携に第一に求められるのではないと考える。そして、このことは、心の病があるなしかかわらず、あらゆる者に通じる、農の本質的な意義にも通ずるものであると考える。

5．農福連携の方向性について

市場経済が人間の等身大をはるかに超え、投機的マネー含め肥大化、ゲーム化し、農業も市場経済の中で、拡大と生産効率性が求められていく産業化の方向性を歩んでいる。一方で、もはや社会全体がこれまでの近代化路線の延長では維持できず、その転換を図るべきであるという考えに立つと、農福連携も、これまでの近代化における合理的、生産効率的な思考を超えた、多様な価値尺度で捉える意義があると考える。多様な障がい、多様な人間の働き方、生き方、さらには存在そのものに目を向ける、多様な価値評価を、農を媒介として生み出すことができるような農福連携のあり方を最後に考えてみたい。

障がい者や高齢者など社会的な弱者と、里山や農山村集落などは、ともに近代合理的思考においては経済価値を生まないもの、或いは社会的な負担とみなされた点で共通している。それは、効率性や経済の肥大化、都市化の流れで発展したゆがみ構造の帰結の姿ともいえよう。しかし、精神障がい者のなかで、農を通じて等身大の世界で自らが感じることのできる自然とのかかわりから自己性を回復した事例について述べた。さらには、「こと」的な時間の連続性のなかで人間と自然、人間と人間が関わり続けていくことが、人間本来の生き方であることを論じた。このような、自然のなかで自己を実感できる「農を媒介とした小さな循環社会」をひとつの方向性として挙げたい。今日、既に、若者やリタイヤした者など幅広い層が、帰農・就農するなど、このような流れが現実に生まれている。かつて農村から都市に流出した人の流れと対照的に、都市生活から離脱・避難してきたかのような、人の流れが生み出されているが、このような帰農者と地域住民、さらには社会的にハンディを持った者をいかに繋げることができるかということも、農福連携の課題となる。

ここに、もうひとつの概念を組み込みたい。広井は、コミュニティに関して「ある集団ができると、その内部では非常に濃密な気遣いや同質性が求められる一方、その集団の「外」に対しては、無関心か、極端な「遠慮」（潜在的な排除・敵対関係）が支配する」（広井2006: 212）と、「緩やか」という「内」と「外」の垣根を設けない、排他的にならない姿勢が重要であると述べている。この「緩やかな繋がり」という概念は、開かれたコミュニティ形成において、常に念頭に置かざるを得ない、一方で実践上は難しい課題である。

従来、家族や地域が果たしていた役割は、福祉・介護・医療などの「制度」が担っているが、仮に「緩やかな繋がり」が実現できれば、「制度」に乗れない、例えば若年層のひきこもりなど社会適用できないリスクや、高齢に伴い徐々に能力が低下し、死を迎えることに対する高齢者の社会的なセーフティネットの深刻な社会保障リスクに対しても解決の可能性を提示するのではと考える。同様に「制度」のもとで膨れる医療費、福祉関連の社会的コストも「緩やかな繋がり」により低減されることも期待される。「緩やかな繋がり」とは、多様性を容認でき、人間が持つ外向きなボランタリーな力を引き出すことを意味するからである。

このように、「農を媒介とした小さな循環社会」と「緩やかな繋がり」を合わせた、「農を媒介とした小さく緩や

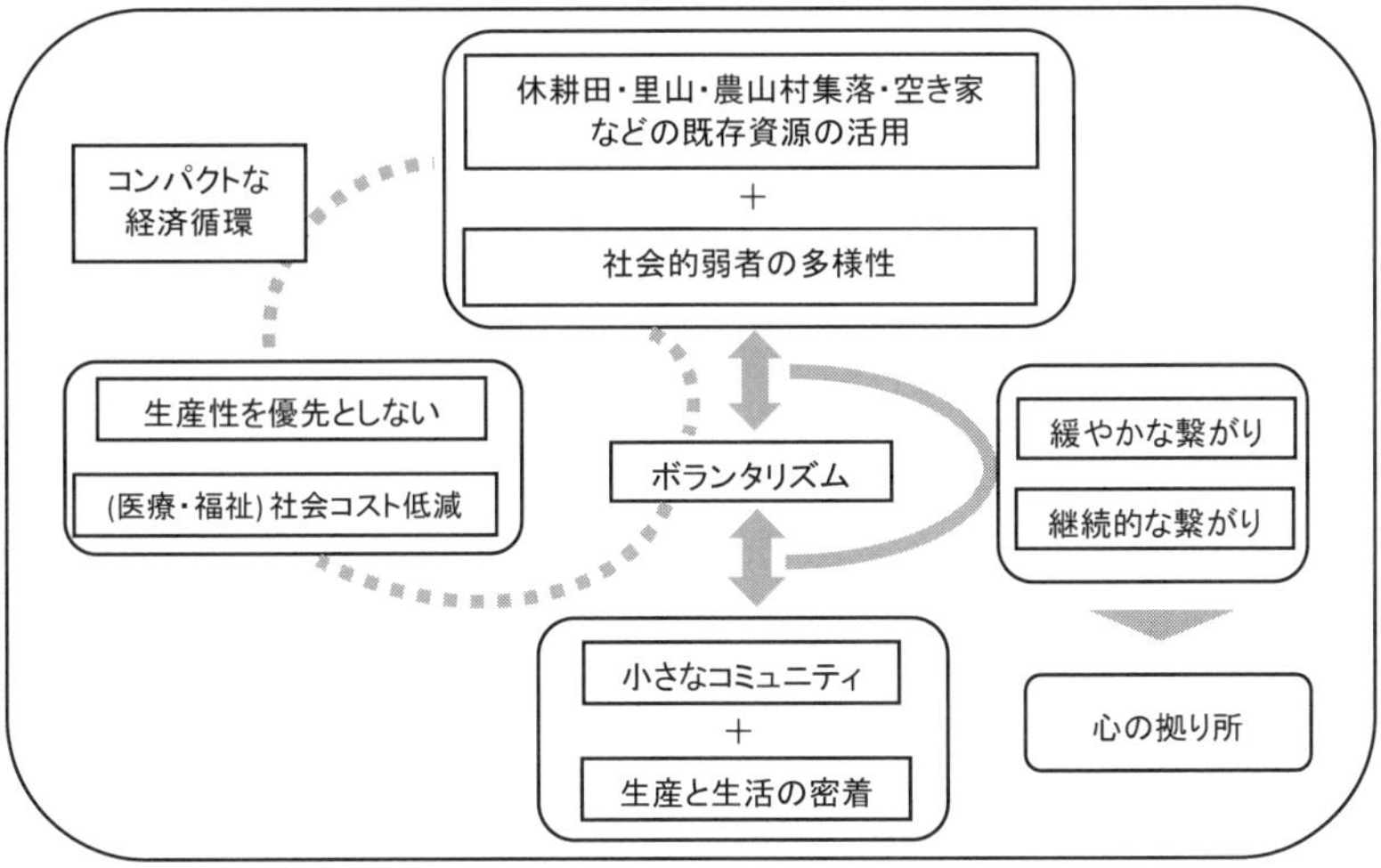

図―１　農を媒介とした小さく緩やかに繋がる循環社会

かに繋がる循環社会」による農山村集落再生、障がい・高齢者に対するセーフティネットの構築、里山、休耕農地、水田など自然の価値を活かしたコンパクトな経済均衡を実現するコミュニティデザインなどが、ポスト近代化の農福連携の姿として求められるのではないかと考える（図－1）。

　最後に、「戦後の日本とは、農村から都市への大移動の歴史だったわけだが、人々はその過程でそのような「たましいの帰っていく場所」を失ったといえないだろうか」(広井2006:237）と指摘されているとおり、安心して生を送り、死ぬことができる場を感じられることは重要な課題である。かつての共同体を、現代の時代背景を踏まえて、あらゆる人が緩やかに繋がることが可能な小さな「緩やかな共同体」として再構築するうえでは、人の看取り、弔い、墓までが保障できる、安心して死を迎えることが実感できることも大きな課題である。そのことは、人が魂の拠り所を日々感じて、安心して生きることに繋がるからである。農を通じた緩やかな繋がりとは、上記を実現させることが可能であり、このような視点をもった農福連携の広がりが、あらゆる人にとり豊かな社会づくりに繋がることになると考える。

注

⑴精神障害者小規模作業所に対する補助金は、東京都で1981年12月に補助金交付制度が創設されたのを皮切りに、実践の後付けで、段階的に地方自治体ごとに補助金制度が創設された。因みに東京都の当初の補助金は通所人数に応じ年額でAランク：4、500千円、Bランク：3、000千円、Cランク：1、000千円という金額であり、職員の給与や家賃をまかなうのには程遠い金額であった。2006年障害者自立支援法施行まで都道府県ごとの補助金の格差が大きい状況が続いた。

⑵「もと」と「こと」については、深い哲学的な議論がある。本稿は、それとは別で、木村の文献に則り筆者の解釈における区別である。

参考文献

糸賀一雄（1968）『福祉の思想』日本放送出版協会。

内山節（2010）『共同体の基礎理論』農山漁村文化協会。

木村敏（1982）『時間と自己』中央公論新社。

木村敏（1994）『心の病理を考える』岩波書店。

内閣府（2016）日本再興戦略第四次産業革命に向けて（2016年6月2日閣議決定）。

内閣府（2016）ニッポン一億層活躍プラン（2016年6月2日閣議決定）。

農林水産省（2015）『荒廃農地の発生、解消に関する調査』農業センサス。

広井良典（2006）『持続可能な福祉社会「もうひとつの日本」の構想』ちくま新書。

廣松渉（1979）『もの・こと・ことば』勁草書房。

安冨歩（2006）『複雑さを生きる』岩波書店。

藻谷浩介（2013）『里山資本主義－日本経済は「安心の原理」で動く』角川書店。

守田志郎（1975）『小農はなぜ強いか』農山漁村文化協会。

守田志郎（1978）『日本の村』朝日新聞社。


〔ささきひでお／特定非営利活動法人 都筑ハーベストの会／農福連携学〕

現代の〈孤人（主義）〉・〈人間の危機〉克服と〈農〉の文明史的復権の意義

亀山純生

1．はじめに

私はこれまで、生活現場から環境倫理学を問うて風土概念に注目し、そこに人間自然共生と人間共生の媒介の典型がありその結節点が〈農〉にあることに注意を喚起してきた（亀山2005）。そして、環境倫理を含む倫理の担い手を問う視点から現代日本の倫理的メルトダウンと〈人間の危機〉を明らかにし、その克服の原理として〈農〉の復権を提起してきた（尾関・亀山他2011）。本稿ではこれを継承しその後の議論をふまえつつ、日本の高度消費社会とともに情報化社会の構造から〈人間の危機〉を改めて位置づけ、その克服における〈農〉の意義を再確認し、併せて従来の近代的疎外論と戦後日本の人間観の見直しを提起したい。

ちなみに〈農〉とは、〈工〉[(1)]との対比で、本質的に人間と自然の生命的交流の営みであり、一定の土地で自然の時空的限界の中で自然の生命力を獲得し、あるいは人間に必要な特定の生命機能を自然に則して（自然の生命力との共同において）強化し、自然の生命力を享受する活動を意味する。それは、自然との共同を介して人間の共同を実現し、人間の共同・共生を通して自然と共生する生身の人間（身体性・社会性・文化性一体の全体的生命的存在）の活動である。それは、単に農業だけでなく林業や漁業その他の生身の生産活動をも含み、しかも社会的産業だけでなく、マイナーサブシステンスや趣味としてのそれらをも含む。そして生産と共に享受を含み、さらにこれらに伴う人間の共同をも含む。その意味で〈農〉とは、風土の中での生産・人間交流・消費一体となった生業を典型的イメージモデルとするが、現代にあっては都市生活者の恒常的な農山漁村体験や学校農園・市民農園活動、さらにはサトヤマ保全活動など〈農〉の要素を含む人間と自然の生身の共同的交流も含意している。それ故、市場販売を至上目的化する自然関連産業や工業化された農業（慣行農業、植物工場、垂直農業）は〈農〉には含まない。

2．現代の新現象としての〈引きこもり〉と〈孤人（主義）〉化

現代日本の、特に資本主義による人間的生活の歪みは、人間疎外として論じられてきている。私はかつて高度消費社会登場時の人間の諸問題を踏まえ、現代日本の人間疎外の特徴を、マルクス疎外論やフロムの20世紀資本主義の人間類型論を参照しつつ、およそ次のように整理したことがある（亀山1989）。

㋐生活とその条件の疎外（①教育など人間生活の全面的商品化、②文化・社会環境の抑圧化、③自然環境破壊）、㋑人間の活動自体の疎外（①個人の自由・主体性の喪失、②〈自由〉の強制・服従原理への逆転、③受容的構え）、㋒類的能力の疎外（①創造性の喪失、②共同性・共感性の喪失、③能力の一面化と身体性の喪失）、㋓人間そのものの疎外（①人間のアトム化・物象化・商品化、②利己主義と他者の手段視、③人間関係の敵対化）、㋔欲求の疎外（①目的と手段の転倒、②量的欲求肥大・質的欲求の衰退、③欲求の利己主義化・共同への欲求の喪失）

これらは、細部は別として、多くの現代人が克服すべきと見てきた人間のあり方の問題点を包括的に示していると言えよう。こうした人間疎外は、その後のグローバル資本主義化で激化する競争社会化・管理社会化・格差社

会化によってより深刻化した。その中で、人間的生活が一層困難になり現代人を疲労と不安の極限にまで追い詰め、日本社会は人間として〈生きづらい時代〉に突入している。「本気で自殺を考えた」人が成人の25・4％を占め、年間自殺未遂者が53万人に達するという驚くべき数字はその象徴と言えよう（日本財団4万人調査、2016.9.8朝日新聞）。

〈農〉が、こうした人間疎外現象の深刻化を緩和し人間らしさを回復する上でますます重要な意義をもつことは明らかであり、日本学術会議（2001）が提唱する農業・森林の多面的価値の国民的浸透や〝田園ブーム〟に典型的なように国民的共通理解となっている。このことは本稿の大前提であり、従来イメージの人間疎外（近代的疎外）の諸ポイントを克服するテコとしての〈農〉の意義は、どれほど強調しても強調されすぎることはない。

だが、現代の人間疎外の深刻化は、特に21世紀に入って、上述の従来型疎外イメージの想定外の新現象を表出させ、近代的疎外論とは質的に異なる〈人間の危機〉とも言うべき人間疎外の新たな段階に突入したことを示している。結論的に言えば、それは人間の〈孤人（主義）〉化(2)であり、その象徴モデルは特に若者に顕著な〈引きこもり〉である。

若者の〈引きこもり〉現象は、2010年内閣府調査により明るみに出された。若者（15～39歳）の内で半年以上の〈引きこもり〉――深夜のコンビニ外出以外は他者と接触せず自室に閉じこもって暮らす〈孤人〉――は本人申告で1・8％（70万人）も存在し、過去に引きこもり経験がある、引きこもりたい気分等、〈引きこもり〉共感者は4％（155万人）に上った。その後一層増加し、2016年内閣府調査では、若者（15～39歳）〉の半年〈引きこもり〉は2・6％（87万：家族証言）、〈引きこもり経験者〉は8・4％（288万）に達している。〈引きこもり〉また経験者は再発する場合も多く、この時点で若者の11％、375万人（その9割が20～30代）が〈引きこもり〉

はその経験者・共感者というのは驚くべき数字である。同調査は、10代の不登校（高校生5万人、中学生12万人：2015文科省調査）を除外しているので、広義の若者の〈引きこもり〉はもっと多い。

もとより若者が〈引きこもり〉に至る原因の多くは格差社会・職場での抑圧・いじめなど、社会の〈生きづらさ〉構造にあり、また病気や発達障害が原因のケースも含まれ、〈引きこもり〉・孤立に悩み、脱出を願う人も多い。その意味で〈引きこもり〉のすべてが好んで〈孤人〉であるわけではない。だが、格差社会・抑圧社会の深刻化は、対人関係を忌避してむしろ〈孤立〉を好む〈孤人主義〉を生むとともに、〈引きこもり〉者の異常な多さは、若者の〈孤人主義〉傾向が温床であり、敢えて言えば内因であることを示している（家族の〈引きこもり〉相談件数の6割が対人障害と言われる（漆葉2016）のはその傍証だろう）。コンビニとPCがあれば〈引きこもり〉は居心地がよい、という〈無縁社会〉を生きる若者の声（NHK 2010）はその象徴である。この意味で、〈引きこもり〉は決して特異な例外でなく、現代人、特に若者の〈孤人（主義）化〉の氷山の一角であり、その痛ましい象徴的表出と言える。

3. 日本型高度消費社会・情報化社会の人間類型としての〈孤人（主義）〉

では、若者に特徴的な〈孤人（主義）〉とは何か、改めて確認しておきたい。結論的に言えば、〈つながり〉は求めつつ、生身の人間関係を忌避して孤立して生きることを好み、それを良しとして肯定する考えである。

その原型は、豊泉（2010）がマンガ喫茶の比喩で現代の若者の特徴として示した「みんなぼっち」にある。それは、友人と一緒にマンガ喫茶に行く点で他者とのつながりを求めている（その意味で一人ぼっちでない）が、そこで一言の会話もふれあいもなく各自の好むマンガを読みふけって時間を過ごして帰る点でそれぞれ孤立しており、みんなで一緒の一人ぼっちなのだ、という。これは、生身のつながり不在の点ですでに〈孤人〉であり、その心理は〈引きこもり〉と同じである。さらに、木村（2016）は、情報化社会が進行した1980年生まれ以後の世代を「デジタルネイティブ」としつつ、外国の若者と異なる特徴を、SNSを利用してつながりを確保しながら「友人」がなく、またオンラインでの匿名性を好み自己開示が少ない点に見る。これは「みんなぼっち」のネット化であり、ネットのつながりの中の〈孤人〉である。

そして豊泉（2010）は、現代の若者の孤立（「みんなぼっち」）は、身寄りのない多くの高齢者の孤立・孤独死のような悲惨な孤独感や孤立の絶望感を持たず、孤独感なき〈明るい孤立〉だという。現代の若者の特徴は、他者とつながっていることそれ自体が確保されれば（つながりの内実には無関心）、面倒な人間関係よりも気楽な孤立を好み、孤人であることを価値的に肯定する点にある。私が、〈孤人（主義）〉と言うゆえんである。他方で、格差社会の深刻化の中で社会的つながりは一層抑圧化し（子ども社会の「友だち地獄」（土井2007）は象徴的）、若者の「新型うつ病」（傳田2009）など対人関係障害を社会問題化させている（厚労省「患者調査」2011は、「気分障害の患者」は1999年44万人から2008年104万人に急増したと言う）。その中で、すでに心理的には〈引きこもり〉の孤人（主義）化した若者は、キッカケさえあれば容易に文字通りの〈引きこもり〉になる可能性をもっているのである。

重要なことは、若者に顕著なこのような〈孤人（主義）〉化（その延長の〈引きこもり〉）は日本型高度消費社会と情報化社会の構造的所産であることである(3)。

第一に、現代の若者は、日本社会が近代化と〈豊かな社会〉を実現した1970年代以後に生まれ育ち、その意味で高度消費社会に〈純粋培養〉された存在である。高度消費社会は生活の商品依存が全面化し生活過程が市場へ外部化され、先述の近代的疎外の諸側面が露呈した時代である。特に、子どもにとっては、生活一般の商品依存・市場化だけでなく、教育が人間＝高品質商品の養成システム化したことが決定的であった。１９７０年代以後の子どもの問題行動を系統的に総括した門脇（2010）は、当初は例外ないし萌芽と見られた問題行動（父や生き物不在の無機質な絵、コミュニケーション不全症候群など）が常態化したことを受けて、その核心を「社会力」（生身の人間関係形成力）の欠如（つまりは〈孤人〉化）と見て、それは〈豊かさ〉社会の受験競争の中で育った「サンマ世代」（遊ぶ空間・時間・仲間の三つの間の欠落の中で育った世代）の必然的帰結だと言う。

第二に、情報化社会への急激な移行がそれに拍車をかけた。生まれた時から情報化社会だった「デジタルネイティブ」にとっては、世界・人間のバーチャル化・記号化が進み、「ジコチュウ」（他者不在の自己のみの存在感覚→〈孤人〉）となる。

第三に、もとより人間形成には歴史や文化その他の多様な条件・契機が関わり、現代の若者のすべてが〈孤人〉化しているわけではない。その意味では高度消費社会・情報化社会が直ちに〈孤人（主義）〉化を生むのでなく、特にグローバル資本主義化による矛盾の深刻化が決定的である。だが、〈孤人（主義）〉化はこれへの適応として生まれたのであり、〈孤人（主義）〉を可能にする構造的温床が、イメージ的に言えば、コンビニとネットによって〈金があれば一人で生きられる社会〉（「システム依存」の「自己完結社会」上柿2016）であることは間違いない。この意味で〈孤人（主義）〉は、日本型高度消費社会・情報化社会の構造的所産であり、その特質から〈純粋に〉構成された日本型高度消費社会・情報化社会に固有の人間類型である。

4．〈人間の危機〉としての〈孤人（主義）〉

〈孤人（主義）〉は先述した近代的疎外の諸側面が高度消費社会・情報化社会の成熟の中で全面的に深刻化し凝縮される中で登場した。それは、〈孤人（主義）＝他者不在〉が他者のモノ化とパラレルという意味では前述した㋓①の「人間のアトム化」の物象化的帰結であり、煮詰められた近代的疎外でもある。だが反面で〈孤人（主義）〉は、近代的疎外（概念）と根本的に異なる質を内包している。なぜなら、近代的疎外は、明らかに他者の現実存在と個人（アトム）における類的本質（特に社会性）の実体的内在を自明の前提としていたからである。そのことは、前述の疎外のポイントで言えば、㋒類的能力の疎外や㋓人間そのものの疎外、㋔欲求の疎外が、専ら人間の利己主義化とそれに伴う人間関係の敵対化を基本にしていることに典型的に示される。そこでは、人間は本来、他者と共同・協同する社会的存在でありその能力を具えているが、資本主義社会では他者を手段と見なして敵対しあう利己主義的存在と化し、人間の本質たる社会性は現存するが否定的形態において発現することが疎外とされていた。いじめを他者との関わり（欲求）の否定的発現などと説明していた（亀山1989）のはその象徴である。そこには生身の他者の現実存在と人間の本質としての社会性の現実存在が疑いもなく前提されていたのである。

この点で、生身の他者の不在化による〈孤人（主義）〉は近代的疎外とは質的に異なる人間疎外の全く新しい段階である。それは、単に人間性の否定的発現でなく、人間存在そのものを解体する窮極の疎外であり、二重の意味で〈人間の危機〉を示している。

一方では、生身の他者の不在が、単に近代的疎外論が想定していた近代的人間性を超えて、古代哲学以来西洋東洋を問わず人間論が歴史貫通的大前提としてきた〈人間の本質〉の喪失をもたらすという意味で〈人間の危機〉である。

第一に、道徳性の歴史的喪失。道徳は、最も初歩的規範が他者に迷惑をかけるなとされることからも明らかだが、生身の他者が存在してこそ意味をもつ。他者不在（他者のモノ化）なら、原理的に道徳は存在しえない。１９９７年の酒鬼薔薇事件が象徴するように前世紀末から、罪意識を伴わない目的なき〈快楽殺人〉や無差別殺傷事件などが頻出し、若者の倫理的メルトダウンが注目された。そしてそこに、他者のモノ（ゴミ）視とコンピュータゲームの問題（他者の障害物化、「死ね」＝画面からの消去の感覚、バーチャルと現実の無区別など）があることが指摘されていた。この問題は、ネット社会の中の〈孤人（主義）〉化によって一般的になると言えよう。医学的にも「ゲーム（依存）脳」が攻撃性や現実との混同を増すことも報告されている（橋元2016）。

第二に、生身の他者不在は、必然的に自己性（アイデンティティ）のリアリティ不在、自己感覚、さらには生の感覚・生命感の不在をもたらす。人間は、人―間の存在、我と汝の関係の存在であり、生身の他者あって初めて自己が存在しうるからである。

第三に、生身の他者不在は、それなしには人間は存在しえないという意味で〈人間の本質〉をなす身体の自然性の喪失をもたらす。高度消費社会のライフスタイルにおいては、生きた自然との関わりが切断され、自然体験も消費対象化・バーチャル化して人間の自然性回復の契機とはならない。その中で最も直接的な自然は生身の他者の身体であり、これとの直接的関わりが身体の自然性回復の一次的テコとならざるをえない。だが生身の他者不在はその機会をなくし、身体性の強調もエステ・サプリ漬に象徴されるように身体の道具化・機械化に陥り、そのことが逆に人間の自然性剥奪を加速する。

第四に、他者不在は自由や能動性などの〈人間の本質〉の根幹をなす創造力も欠如させることになる。なぜなら、創造力は偶然の出来事への対応・不如意経験の中からこそ形成されるが、不如意性・偶然性を最も直接的に体現するのが生身の他者である。その不在は、全てをコントロール・管理の対象と化す科学技術の高度な発達と情報化社会の中では、創造力形成の契機を根底から喪失させ、人間とコンピューター（ＡＩ）との本質的差異を見えなくさせていく。

他方で、〈孤人（主義）〉は、〈孤人〉を自ら克服する主体的契機を喪失し、〈孤人（主義）〉を無限に深刻化させるデススパイラル構造を内包する点で〈人間の危機〉である。

第一に、〈孤人主義〉は孤人の〈居心地のよさ〉に安住し、〈孤人〉を良しとする故に、自ら進んで〈孤人〉を克服する内発性を欠いている。

第二に、当然ながら〈孤人〉克服のためには原因の除去、つまり〈孤人〉の人間関係への組み込みが必要とされる。だが問題は、〈孤人〉は生身の人間関係を忌避するが故に〈孤人〉なのであり、〈孤人〉にとって人間関係の強要は抑圧でしかなく、逆に〈孤人〉化に一層拍車をかけることになる。

第三に、一層深刻なのは、先述の調査などで言われる〈孤人（主義）〉の若者は今や親となり社会の中心世代となり、日本社会は〈孤人（主義）〉の世代的再生産過程に突入していることである。サンマ世代は50歳前後でありデジタルネイティブも40歳前後に達し、〈孤人〉ゆえに深刻な子育ての問題に直面しコミュニティ崩壊の主体的要因となっている。そんな中で子どもの〈孤人〉化が再生産され、その温床であるネット依存も次世代の10代の２割と一層深刻化している（橋元2016）。

以上のように〈孤人（主義）〉は、人間存在の質の面でも未来への展望の面でも深刻な〈人間の危機〉を示しているのである。

但しこう言う場合に再度強調すべきは、〈孤人（主義）〉はどこまでも日本型高度消費社会・情報化社会の〈煮詰められた疎外〉としてモデル化された人間類型だということである。それゆえ、現実の若者のすべてがこうではないし、疎外に抵抗し〈孤人〉化とは逆の共生志向の若者も多い（ボランティア志向や、競争社会から〈降りる〉傾向など）。社会が構造的に疎外を深刻化させても若者個々の生育経験は多様であり、その中で疎外回避のキッカケに出会う場合も当然ある。特に幼少期に家庭や地域などで生身のコミュニケーション担保の生育条件が今なお確保（残存?）されている場合にはなおさらである。そして、そのような共生志向の若者が、全社会的な〈孤人（主義）〉化を阻止する上で希望の星であることは言うまでもない。だが現代社会の歴史的な人間関係希薄化・地域崩壊の中では、〈孤人（主義）〉の人間類型が全面的に表出する危険が構造的に存在している。かってフロム（1955）が析出した高度消費社会の人間疎外の類型（口をあけてただ待つ受動的構えなど）が半世紀後の日本社会で全面表出した歴史的教訓に想いを致すべきであろう。

5.〈孤人（主義）〉脱却における〈農〉の原理的意義

こうした危機的な〈孤人（主義）〉化に対して、教育界を中心に孤立者・青少年への「多様な人間交流」の提供と地域「親密圏」・コミュニティの復活が叫ばれている（門脇2010）。それは確かに〈引きこもり〉への臨床的ケアや子どもの孤立化抑制・自殺予防などにとって重要である。また、発達論的効果が言われる子どもの「ゲームコントロール」（橋元2016）も然りである。だがそれだけでは対症療法的意義に止まり、原理的に難点を内包している。それは単に、商品生産化した教育システムの転換、一般的には高度消費社会のライススタイル転換との連関の欠如と言うだけではない。何よりすでに〈孤人（主義）〉化している親世代（社会の中核世代）をこの転換の主体と位置づけられず、前述のデススパイラル構造を脱出する内的契機を原理的に欠いているからである(4)。問題は、ここには〈孤人（主義）〉の内発的転換の論理が根本的に欠如していることである。これを確保し、〈孤人（主義）〉化のデススパイラルをどう切断するかが、目下喫緊の課題なのである。

この点で決定的意義をもつのが〈農〉なのである。〈農〉の人間形成的意義は、部分的には食農教育でも広く知られる（嶋野・佐藤2006など）が、それを全面的に明らかにしているのが特に子どもの農山村留学である（野田2012）。〈農〉がもつ多様な〈人間形成〉的意義の核心は、〈農〉が原理的に人間共生と人間自然共生の媒介構造を持つからである（尾関・亀山他2011）。それを、先述した喪失の危機にある〈人間の本質〉と対応させて言えばこうなろう。

第一に〈農〉においては共同作業が不可欠であり、当然ながらそこには生身の他者が現実に存在し、そこから〈農〉に関わる人間は生身の他者配慮のセンス・共同と連帯の力を必然的に形成する。そしてこれは道徳性の根幹であり、〈農〉は本質的に道徳性を形成する。

第二に〈農〉は自然との関わりの中で直接的成果（収穫）を実現する営みであって必然的に労働の達成感や他者との共同の喜びを伴い、関わる人間に自信と自己確認を生む。その意味で〈農〉は、自然との生命交流・生身の他者との共同の中でこその自己感覚・生命感を涵養し自己（アイデンティティ）形成の意義をもつ。

第三に、言うまでもなく〈農〉は自然・他者との媒介的な身体的関わりであり、そこでは必然的に自然とのコミュニケーション力（生命的交流力）が育ち、生身の身体性・人間の自然性が強化される。

第四に〈農〉は、偶然性を内包する自然を相手とし、共同する他者も意のままにならぬ生身であり、それ故偶然性・不如意性の経験と努力を不可欠とする。そこから、人間の多様な本質的能力の根幹をなす豊かな創造性を形成することになる。

このような意味で、現代において子どもや〈孤人〉が〈農〉に関わることは、〈農〉の人類史的意義（尾関2015）との関係で比喩的に言えば、〈系統発生〉（人類史における農労働によるヒトの人間化）を〈個体発生〉次元で再現する意義を担うとも言えよう。

そして、〈孤人（主義）〉化脱却の点で特別に強調すべきは、〈農〉は〈孤人〉自身の内発的欲求とリンクとしている点である。現代の〈孤人〉は、人との関わりの忌避にもかかわらず、否それ故に一層、自然（との関わり）を希求し、それは〈農〉への関心と必然的に結びついている。〈孤人〉が自ら内発的に〈農〉に関わり、それ故に〈農〉の関わりが必然的に他者のリアリティと共同を抑圧的にでなく回復し、それが〈人間の本質〉の回復過程のテコとなる。その意味で、〈農〉は〈孤人〉が主体的に自ら〈孤人（主義）〉を脱却する内的契機を構造的に担保しており、デススパイラル構造の決定的な切断点をなすのである。〈農〉がもつこの〈孤人（主義）〉からの主体的脱却の契機は、繰り返すが〈農〉が生命的自然との関わりと生身の人間共同の結節点であることによるのであり、原理的には他の活動にはない。

ここにこそ、近代化の果てに煮詰められた人間疎外の窮極としての〈孤人（主義）〉、現代の〈人間の危機〉脱出における〈農〉の決定的意義がある。

6．終わりに：〈農〉の復権の展望と人間学的課題

以上見た〈農〉の〈人間の危機〉脱却の意義は、日常生活の一部に〈農〉を組み込む〈農〉のライフスタイル（農的生活：大塚1995）の中で初めて実現する。現代の高度消費社会では、一時的な〈農〉体験は疎外の癒しや克服のキッカケとなる意義（それ自体は極めて重要）を持つ可能性がある反面、〈農〉体験自体が単なる消費に終わる危険性もある。その意味で、特に消費者・都市民の〈農〉のライフスタイルの確立が不可避である（例えば、半農半X生活：小貫2001のように）。そして〈農〉のライフスタイルは、〈農〉の共同性ゆえに個人だけでは成立せず、〈農〉的共同態(5)の確保・再生とセットである。それ故、〈孤人（主義）〉からの全社会的転換のためには、〈農〉のライフスタイル（「市民皆農」山下他2012）と〈農〉的共同態（あるいは〈農〉基礎のコミュニティ）の全社会的確立が基本目標とされねばならない。それは必然的に、市場原理主義的消費社会の構造転換と結びつき、さらには社会全体の脱近代化のテコとなり、その意味で〈孤人（主義）〉を転換する〈農〉の復権は文明史的意義を持つと言えよう。

もとより〈農〉のライフスタイル・〈農〉的共同態の社会的確立は、その中核をなす〈農〉的産業の再生なしにはありえない。その意義は、安全安心な食糧の確保と環境と国土の保全、それを基軸とする国家の平和的安全保障、さらには健康と福祉の確保など多面的に要請されている。〈孤人（主義）〉化脱却が要請する〈農〉のライフスタイルの確立をめざす運動は、これらの多面的要請に発する〈農〉的産業の多様な復権運動と連帯・合流してこそ目標実現の可能性をもつ。

そのことを展望しつつも、現代の〈孤人（主義）〉化と〈人間の危機〉の深刻さは、一刻も早く〈農〉のライフ

スタイルの全社会化への第一歩を、特に子どもの生育と教育の場面から踏みだすことを要請していると改めて強調しておきたい。なぜなら、現代の〈個人（主義）〉化は、高度消費社会が半世紀かけて生み出し完成させたものであり、単純に言えば、今直ちに転換しても社会の中心世代における孤人（主義）化・〈人間の危機〉の克服の社会的完成は半世紀後になるからである。

その意味では、転換の第一歩として、一方で今若者にも強い農村移住希望(6)の実現政策を強化するとともに、圧倒的多数が意義を認める〈農〉体験(7)をすべての子どもに日常的に可能にする場を政策的に確保することに重点を置く必要があろう。その点では特に、中村（2013）が強調する学校教育における〈農〉のコア・カリキュラム化（必修化）が、親世代や地域も〈農〉の復権に巻き込むことも含めて、一つの戦略的環として有意義でないかと思われる。

最後に、以上述べてきた日本社会近代化の帰結としての〈孤人（主義）〉とそれが孕む〈人間の危機〉、その転換における〈農〉の原理的意義という問題は、思想的には、戦後社会が理想としてきた近代的個人の根本的見直しを提起していることを確認しておきたい。というのは近代的個人とは、大まかに言えば、他者から自立し自由意志に基づいて自己決定し行動する自律的個人であり、戦後思想に大きな影響を与えた大塚久雄に重ねればロビンソン的人間類型であった（増田 2011）。そしてこの近代的個人を主体とし、相互に他者の自由の不可侵性（人権）を大前提として、必要に応じて自由に結合する社会が理想の市民社会である、と見てきた。もとより大塚を含めて近代的個人主義は多様に批判されてきたが、それは、近代的個人と経済（特に資本主義経済）との短絡的直結や個人の意識（→意志内容）の社会的規定性（階級性や文化的歴史性・社会システム依存性）の無視、あるいはかかる理想の現実性（大衆社会論やポストモダン論など）をめぐってであった。それ故、理念自体としては、近代的個人と市民社会は一貫して維持されてきているように思われる（小田中2006、植村2010）。

だが現代に表出した〈孤人（主義）〉の人間類型は、この近代的個人（≠ロビンソン類型）の全き現実態ではないか？近代的個人の類型において他者の存在と他者との関わりは、市民社会に典型的なように外的必要に基づくだけで内的理由をもたず、あるいは前述した近代的疎外論のように短絡的に自明の前提とされていたにすぎない。そこには、個人がアプリオリに前提され、個人の存立は原理的には、〈個人の自立・自由意志以前の関わり〉を含む他者との共同存在（我汝関係）を前提して初めて可能——論理的にも人間成長論的にも——という視点が根本的に欠落していたと言えよう。換言すれば、市民社会（の関係＝協同態）の存立は、その基礎に共同態（家族や地域での）があって初めて可能であることを全く見落としていた。

その意味で、あらためて個人と共同存在、公共圏における市民社会（協同態）と生活圏における共同態の区別と連関が、原理的にも実態的にも解明されなければならない。そのことが〈孤人（主義）〉転換と〈農〉の意義の思想的ポイントを人間学的に一層豊かにし、〈農〉的共同態の具体的解明が人間論的転換のポイントをより豊富化させることになろう。

注

(1)〈工〉とは全体的な生命的自然を要素に分解し、人間に必要な特定の要素のみを素材とし、自然の時空的限界を捨象して、人間の意図を純粋に人工的に産物として実現する営み。〈工〉では、人間も要素に分解され、機械的な労働力に還元される。

(2)本文で後述するような近代の個人主義の現代日本的帰結という意味を重ねた私の造語であり、尾関・亀山他（2011）の拙論で初めて提起した。

(3)西欧世界でも〈引きこもり〉が問題視されている（藤本2016）が、同調圧力の強い日本社会の伝統の影響との指摘もある（ジーレンガー2007）。

(4)広井（2009）は老人主体（⇒団塊の世代主導）でコミュニティ再生を主張しそこに若者を巻き込むことを提起するが、団塊世代が超高齢化する中ではほんの一時の意味しかない。

(5)Gemeinschaftを想定しているが、従来の「共同体」という表記ではこれを単一の結合原理とする特定の社会を示すものと理解されてきた（ムラ＝共同体など）。そこで、ムラを含めて特定の社会は多様な人間の結合原理（人間関係のあり方・組織）を内包し、その一類型（ないし特定社会の結合原理の一契機）という点を強調する意味で「共同態」と表記する。後述の「協同態」もGesellschaftやassociationを想定しているが、同様の意味で「協同体」と区別して用いる。双方の差異に関しては、尾関・亀山他（2011）の拙論参照。

(6)平成26年6月内閣府調査によれば、東京在住の10～20代47％が農村移住を希望している。

(7)平成26年農水省調査によれば、農山漁村での子どもの体験学習が必要だとする人は平成17年の88・8％から平成26年には96・7％に至っている。

参考文献

上柿崇英（2016）「持続可能性と共生社会」『共生社会Ⅰ　共生社会とは何か』亀山他編、農林統計出版。

植村邦彦（2010）『市民社会とは何か』平凡社新書。

漆葉成彦（2016）「ひきこもりの人々」『日本の科学者』Vol.51 No.6、日本科学者会議、本の泉社。

大塚勝夫（1995）『農的生活』NECクリエイティブ。

尾関周二（2015）『多元的共生社会が未来を開く』農林統計出版。

尾関周二・亀山純生他編（2011）『〈農〉と共生の思想』農林統計出版。

小田中直樹（2006）『日本の個人主義』ちくま新書。

亀山純生（1989）『人間と価値』青木書店。

亀山純生（2005）『環境倫理と風土』大月書店。

小貫雅男（2001）『菜園家族レボリューション』社会思想社。

門脇卓司（2010）『社会力を育てる』岩波新書。

木村忠正（2016）「子どもとネットワーク社会」『子どもの文化』48巻7号、子どもの文化研究所。

嶋野道弘・佐藤幸也（2006）『生きる力を育む食と農の教育』家の光協会。

M・ジーレンガー（2007）『ひきこもりの国』光文社。

傳田健三（2009）『若者の「うつ」』ちくまプリマー新書。

土井隆吉（2007）『友だち地獄』ちくま新書。

豊泉周治（2010）『若者のための社会学』はるか書房。

中村桂子（2013）『科学者が人間であること』岩波新書。

日本学術会議（2001）「地球環境・人間生活にかかわる農業及び林森の多面的機能の評価について（答申）」。

NHK（2010）『無縁社会』NHK「無縁社会」プロジェクト取材班、文芸春秋社。

野田恵（2012）『自然体験論　農山村における自然学校の理論』みくに出版。

橋元良明（2016）「デジタルゲームの功罪」『子どもの文化』48巻7号、子どもの文化研究所。

広井良典（2009）『コミュニティを問いなおす』ちくま新書。

藤本文朗（2016）「ひきこもりは日本特有の現象か」『日本の科学者』Vol.51 No.6、日本科学者会議、本の泉社。

E・フロム（1958）『正気の社会』加藤正明・佐瀬隆夫訳、社会思想社（原著1955年）。

増田敬祐（2011）「地域と市民社会」『唯物論研究年誌』16号、唯物論研究協会、大月書店。

山下惣一・中島正（2012）『市民皆農』創森社。


〔かめやますみお／東京農工大学名誉教授／環境倫理学〕

Ⅱ　〈農〉と社会

日本の国土利用構造の転換
――豊かな〈農〉を基礎にして――

千賀裕太郎

1．はじめに――幕末から明治初期の来邦者のメッセージ

幕末から明治初期における、〝文明先進諸国〟からの来邦者が、その直前まで200年余の長期にわたる鎖国下の封建社会として存在した日本の、国土や産業・文化等について、どのような印象を抱いたのか、ここでそのいくつかを紹介しておこう。

「山腹を削って作った沼のわずかな田畑も、（中略）全くよく耕作されており、風土に適した作物を豊富に産出する。（中略）草ぼうぼうの〝なまけ物の畑〟は日本には存在しない。」

これは、明治11（1878）年に日本に来た、イギリスの女流探検家・紀行作家イザベラ・バードの言葉である（宮本2002: 140）。

バードは、山形県の農村を、「微笑する大地」「アジアのアルカデヤ」等と麗句を連ね、次のように伝えている。

「南に繁栄する米沢の町があり、北には湯治客の多い温泉場の赤湯があり、まったくエデンの園である。〝鋤で耕したというより鉛筆で描いたように〟美しい。米、綿、とうもろこし、煙草、麻、藍、大豆、茄子、くるみ、水瓜、きゅうり、柿、杏、ざくろを豊富に栽培している。実り豊かに微笑する大地であり、アジアのアルカデヤ（桃源郷）である。（中略）美しさ、勤勉、安楽さに満ちた魅惑的な地域である。山に囲まれ、明るく輝く松川に灌漑されている。どこを見渡しても豊かで美しい農村である。（中略）草ぼうぼうの〝なまけ者の畑〟は、日本には存在しない。」（宮本 2002: 139-140）

明治政府に招聘されて明治9（1876）年、札幌農学校（後の北海道大学）の初代教頭をつとめ、内村鑑三や新渡戸稲造ら当時の学生に思想面でも大きな感化を及ぼしたアメリカ人で、帰国の際に教え子らに語りかけた〝ボーイズ　ビー　アンビシャス〟で周知の、W・クラーク農学博士。帰国後、母国の農民を前にした講演で、「日本の農民は良い農民になる技を持っているのです。日本の整然とした美しい畑を見たら、アメリカ人は恥ずかしいと思うでしょう」（ニッポン再発見倶楽部 2014: 35）と、日本の農民の精励と農耕技術の高さを称えている。

新聞記者であり、東洋学者、仏教学者として慶応義塾大学に客員講師として招かれていた英国人エドウィン・アーノルドは、1889（明治22）年に日本の聴衆の前で、日本文明の独創性とその魅力の源泉について、次のように論じている。

「あなた方の文明は隔離されたアジア的生活の落着いた雰囲気の中で育ってきた文明なのです。そしてその文明は、競いあう諸国家の衝突と騒動のただ中に住むわれわれに対して、命をよみがえらせるようなやすらぎと満足を授けてくれる美しい特質を育んできたのです。（中略）寺院や妖精じみた庭園の睡蓮の花咲く池の数々のほとりで、鎌倉や日光の美しい田園風景のただ中で、長く続く荘重な杉並木のもとで、神秘で夢見るような神社の中で、茶屋の真白な畳の上で、生き生きとした縁日の中で、さらにまたあなたの国のまどろむ湖のほとりや堂々たる山々のもとで、私はこれまでにないほど、わがヨーロッパの生活の騒々しさと粗野さとから救われた気がしているのです。」（渡辺2005: 62）

こうしたアーノルドの指摘は、現代日本においてなお、伝統的な土地利用と文化を維持しようとしている数々の地域の再評価のためにも、語り継がれてゆかなければならないだろう。

彼ら外国人は〝幸せそうな日本の庶民〟という印象を強く持っていたことが伺われる。

考えてみれば日本人は、日本列島という、豊かで、かつ孤立した国土環境にあって、それまで外国の勢力によって軍事的、政治的に征服された歴史的経験をもたない、非常に稀な境遇にあったと言えるのかもしれない。

2．日本列島は「豊かな国土」を提供している

(1)「微地形」の発達

「水田には一枚一枚それぞれに異なった顔がある。これを〝田相〟と呼ぼうかと思う。」

日本の農村を東に西に隈なく歩いた、ユニークな農業経済学者であり水利学者でもあった玉城哲氏から、この言葉が筆者に投げかけられたのは、かれこれ40年余り前のことである。大学を出て農林行政の職に就いたばかりの筆者には、玉城氏が〝田相〟に込めた思いを、にわかには充分に飲み込めなかった。とはいえある種の知的衝撃を受けたことを、今も忘れることはできない（玉城・旗手1974: 7）。

玉城氏に加え永田恵十郎（農業経済学）、旗手勲（歴史学）、佐藤俊郎（農業水利学）、志村博康（農業工学）、

水谷正一（農業水利学）ら、それぞれの分野で当代きっての先達研究者グループに教えを請いつつ、数々の農村地域を巡見するうちに、「田相」の豊かなバラエティーを深く味わいつつある自分に、気づくようになったのである。

そして上記の研究者グループは、まことに意外なことに、多くの日本人が日本に抱いているであろう「貧弱な国土」というイメージとは裏腹に、日本の国土が、太平洋の西端に位置する火山性の列島によって構成されているという事実こそが、有史以来の水田農業を中心とした農業の豊かな展開と、独創的な文化の成熟にとって、大いなるプラス要因となってきた、というユニークな情報を発信していたのである。

その理由は次の通りである。アジア大陸等における大河川の下流域には、広大な沖積平野や海岸平野が形成されている。このことは一見、こうした地域における主要食料生産のポテンシャルの高さを予想させるが、今日に至るまで、そのかなりの地域がいまだに不毛または食料生産が不安定な状態に留まっているのには、それなりの理由がある。

とりわけ降水量が大きいアジアの大陸地域を潤す大河川が、その下流域において〝氾濫原〟として形成した平地を、水田等の農地として安定的に利用することは決して容易なことではなかった。その主要な理由は、河川の集水域が非常に大きいので、河川の洪水圧力が巨大となるためである。

このような河川では、その上・中流部に大容量の洪水調節用ダムを建設したり、河口近くに大型の灌漑・排水用のポンプ場を建設したりすることが可能になるまでに、技術力や資本力が地域で育たない限り、あるいは先進国等の多面的かつ継続的な支援を受けることがなければ、下流域の沖積平野やデルタを安定的に利用するのは困難で、また、仮にそのようななかで稲作を試みたとしても、収量はごく低いレベルに留まらざるを得ないのである。

これに対して日本列島は、太平洋の海洋プレートとアジア大陸プレートとの境界部に位置しており、このため造山運動が旺盛に進行する〝若い国土〟という特徴を有していて、大陸に比べてごく小規模な山地、平地等の地形が、日本列島全体においてモザイク状に形成されている。すなわち、〝微地形〟(1)が極めてよく発達した国土という特徴がある。

このために日本列島の広範な地域で、古代から現代に至るまで、それぞれの歴史的段階における技術的、経済的レベルに応じて、水田としての利用が可能な場所を、小面積ながらも順次追加的に見出すことができ、そのような地域で水田造成や用・排水施設整備を実施するなど、水稲栽培地域を連続的に拡張する条件に恵まれていたのである。

玉城らは、このことをより包括的に次のように解説している。

「わが国の水田開発の対象となっている地形はきわめて多様であり、かつ、その地域的広がりは比較的狭い。

地理学的な地形の区分からいえば、わが国の水田は、デルタ、扇状地、盆地、河谷平野はもちろん、海岸平野、洪積台地、河岸段丘、海岸段丘、砂丘やときには山地の山腹まで及んでいる。そして、その水田地帯の一つ一つのまとまりはごく小さい。

これは、日本列島全体が島嶼性である上、複雑な微地形に富み、河川が小さいという諸条件の結果である。これらの異なった地形は、歴史上のそれぞれの時代における技術の発展水準に応じて順次開発の対象とされてきた。

そして、そのなかでもっとも重要なものは、いうまでもなく、河川の下流流域に形成された沖積平野である。ところが、この沖積平野の一つの特徴は、広大なデルタの形成に乏しく、比較的扇状地地形が卓越しているということである。また、もう一つつけ加えるならば、山地の発達に対応して、数多くの盆地の形成が見られ、これがまた水田開発の重要な対象になっているという点である。

このような地形的特徴は、沖積平野においても豊かな地形勾配を作りだし、これが治水事業はもちろん、灌漑用水施設の建設や水田開発の形態に大きな影響を与える要因として作用した。大陸の大河川が、その下流部に広大なデルタを形成し、ほとんど地形勾配をもたず、かつ海面と標高差の乏しい低平地を作りだしている状態を想起するならば、この地形的な差はきわめて大きいものといえるであろう。」(玉城・旗手 1974: 19)

これに続けて少し言葉を加えると、東南アジアの大陸地域のデルタのような、地形勾配が限りなくゼロに近い広大な平坦地を、灌漑・排水機能を備えた生産効率の高い耕地に改良するためには、巨大な電動ポンプ施設を建設するなど、膨大な費用とエネルギーをかけて水の動きをコントロールすることが求められるということであり、これは近年まで各地域が自力で実施することは、そもそも困難だったのである。

微地形が発達した日本の国土における、農業展開にとっての「有利性」が、あらためて理解されるだろう。

(2) 恵まれた気象と豊かな土壌

日本列島は、稲作のための気象条件に恵まれている。

春から夏にかけての重要な生育期に〝梅雨〟とよばれる雨期があり、必要な灌漑水が安定的に確保できる。また、日本が中緯度の〝温帯〟に位置しているため、冬季にはかなり寒冷となるものの、春から秋にかけての稲作期には十分な気温の上昇があり、とはいえ熱帯のように土壌に含まれる有機物が急速に分解されるほどの高気温が長期に続くことはなく、肥効豊かな耕地土壌を維持する比較的マイルドな気温条件となっている。

そもそも地層の最上部に存在する「表土」は、風や降雨によって押し流されて減少する傾向にある。しかし日本列島では、長期にわたり火山からの降灰が繰り返し土壌材を補給している。さらに、豊かな森林植生が、地表上の流水の速度を抑制して表土の流下を抑え、降雨が地下水を涵養するのを助け、樹木の落葉が腐植して土壌成分を補っている。

このため、日本の農民が精励であることもあって、早くから米、麦等の穀物を初めとした主要農作物の土地生産性は高く、周囲の海域からの豊かな食物の確保をふくめ、面積的には小さい国土ながらも世界有数の日本の人口を擁する食料の自給条件を長く維持してきた(2)。

玉城氏らのこうした日本の国土の豊かさに関する基本的な理解は、筆者にとって、文字通り〝目からウロコ〟だったのである。

(3) 微地形を熟知して土地利用の安全を確保

水害等の自然災害を回避する基本的な方法は、まずは、利用すべき土地の正しい選択である。これについても国土の「微地形」が関係している。

ある土地における、洪水被害予防の基本は、近傍の河川の標高、およびその河川が形成した周辺の土地の標高分布と過去の洪水災害を勘案して、宅地なのか農地なのか、それも水田、野菜畑、果樹園等の作物に応じて、必要にして十分に高い標高の場所を選択することである。

そもそも扇状地にせよ沖積平野にせよ、平地の多くは、地域内の河川が長期にわたって繰り返した氾濫によって、土砂が次第に堆積されて形成されたものである。だから人々は、平地を１００％安全な土地とはみなさず、むしろ一定の周期で洪水被害が生じる危険性を備えた場所であることを前提にして、土地利用種目について判断し、栽培する農作物等を選定し、降雨の強度に応じた対処方法を計画しつつ、注意深く土地を利用してきたのである。海岸沿いの地域でも同様で、過去の海洋災害実績の記憶を伝えながら、危惧される高潮や津波の到来に対して、慎重に備えなければならなかった。

一方、標高が比較的高くて傾斜のある地域もまた、低平地とは異なった要因による災害の危険を免れない。すなわち「土砂崩壊」や「地すべり」である。これらも日本における自然災害を代表するものである。人々は、目の前の河川や海洋がもたらす平地の洪水被害だけでなく、背後の傾斜面からの土石の流れをも、賢く避けつつ生きて来たのである。

こうした日本における土地と人間との関係は、欧州など古くて非常に安定した大陸地域等に暮らす人々とは、大きく異なる土地観、国土観をかたちづくってきたということができよう。

3. 現代における国土利用構造の変化と課題

これまで見てきたように、微地形に富んだ日本列島に住む人々は、経験的に安全かつ豊かな生活・生産活動の場となる土地を選ぶための、微地形順応型の土地利用技術や仕組みを編み出し、それでも起こりうる災害に備えつつ、注意深く生きてきたのである。

しかしながら、現代日本の国土利用を観察すると、２つの重大な弱点が生じていることを指摘することができる。

(1) 日本の国土利用における小構造の課題

第1は、国土利用における「小構造」の保全問題である。

すなわち、主に山地・台地が平地と接続する小傾斜地及びその近傍の平地は、かつては洪水や地すべり等の災害予防のための「バッファー地」として、林地、採草地、放牧地などの自然地・半自然地として、いわば〝保全的〟に扱われてきた。しかし現代に至って、主として高度経済成長期には、この「バッファー地」では夥しい件数の宅地開発が行われた。同時に、その上流域では、大規模な道路建設に森林や棚田の管理放棄が相俟って、土砂流失等の災害発生の可能性が高まっていることも重要な危険要素となっている。

こうした問題の対応には、地域住民の豪雨時等の避難行動の迅速化等の対策は当然のことであるが、より本質的には、上流域の森林育成や、棚田耕作推進等による流出・地すべり抑制対策、自然の微地形に即した住宅地開発適地の慎重な見極めと、それに基づく土地利用計画の見直し等が求められる（千賀2016: 37-38）。

(2) 日本の国土利用における大構造の課題

第2は、国土利用の大構造の転換課題である。

2011年の東日本大震災は、国土利用・経済展開構造の基本的転換を求める重要な契機となった。政府の地震調査研究推進本部は、東日本における巨大地震が、今後少なくとも数十年にわたって、日本海溝および太平洋沿岸部を中心とした列島直下の激烈な地震活動を誘発するという見通しを示している。すなわちＭ8・6からＭ8程度の東海地震が30年以内に87％、南海トラフでもＭ9クラスの地震発生が想定されるなどと、太平洋側を中心とした日本列島全体が、すでに地震の激動期に入ったという見方を発表している。

こうなると、これまで本州の太平洋沿岸部に立地させてきた化石燃料等のエネルギー資源貯蔵拠点、大規模臨海工業地帯やメガロポリス、さらには原子力発電施設などが、地震・津波への対策がまったく不十分で、いまや極めて危険な施設となっているとの認識をもつ必要がある。

そして、少なくとも太平洋沿岸部については、安全性にかかる土地利用制限が必要である。とりわけ、これまでこの地域に集中的に立地させてきた、化石燃料等のエネルギー資源貯蔵拠点や原子力発電施設は、いまや危険施設と化しているとの認識を持つことが求められる。そして、太平洋沿岸に列状に展開する人口・経済拠点の多くを、地震の影響の比較的少ないと予想される内陸地域に移動させることが求められる。さらには、人口・経済拠点のそれぞれをもっと小規模にして、多極分散型の国土利用構造に転換する誘導施策を、国レベルで早急に企画・実施することを強く提案するものである（千賀2016: 39-41）。

注

(1)「微地形」とは、地理学辞典（日本地誌研究所 1989: 578）によれば、〝人工地形を含む規模の微小な地形で、比高１００m以下、幅・長さ1、０００m以下程度の地形を指す場合が多い〟、とされている。玉城氏らによる「微地形」の用法も、概ねこれに順ずると考えられる。

(2) 明治初頭のころの日本の人口は約3千万人とされる。当時の世界人口は13億人とされるので、当時の日本の人口が世界人口に占める割合は2・3%であった。これは現代の日本人口１・26億人（世界第10位）が世界人口69億人に占める割合１・８％を3割ほど上回っている。１５０年続いた鎖国という社会的条件下にあっても、３千万人という決して少なからぬ人口を維持していたということは、日本の国土の食料生産とその分配システムに関する高い潜在力を物語っていることに他ならないのではなかろうか。

参考文献
千賀裕太郎（2016）「自然共生の農山村システムをどう計画するか−日本の国土・百年の計」尾関周二・矢口芳生（監修）『共生社会II——共生社会をつくる』農林統計出版。

玉城哲・旗手勲（1974）『風土——大地と人間の歴史』平凡社。

ニッポン再発見倶楽部（2014）『日本人は外国人にどうみられていたか』三笠書房。

日本地誌研究所編（1989）『地理学辞典』二宮書店。

宮本常一（2002）『イザベラ・バードの「日本奥地紀行」を読む』平凡社。

渡辺京二（2005）『逝きし世の面影』平凡社。


〔せんがゆうたろう／東京農工大学名誉教授／地域計画学・水資源計画学〕

集落の崩壊と地域活性化に見られる住民の葛藤

——秋田県北秋田郡上小阿仁村八木沢を実例に——

ヴィルヘルム・ヨハネス

1．はじめに

近年、日本では「地方再生」の波に乗った取り組みが各地で行われている。メディアにおいても、「限界集落」（大野2005）や「地方消滅」（増田2014）といったキーワードで警鐘を鳴らすような番組が制作され、「限界集落株式会社」や「ナポレオンの村」の様な、田舎を舞台に外部の起業家や中央からの行政マンの様な「ヨソ者」、即ち、地元住民ではない人物である主人公が衰退した地方を救うことで成功を果たすといったドラマまで出現した。しかも、そういったドラマはステレオタイプ的なキャラクターが目立ち、地方の住民は大抵「田舎者」で、主人公の方はと言うと「現代を知り尽くしている達人」として描かれている。総務省調査によると年齢差はあるものの、平均的なテレビの視聴時間が一日3～5時間である中で、現代の日本人社会においてこのような報道や番組構成が当事者である地方の住民に影響を及ばさないはずは無い。

実際、著者が初めて八木沢集落（以降、八木沢と略す）を調査で訪れた際に老婆に聞かれたのは「限界集落を調査しに来たのか?」と言う質問であった。著者が、「いや、日本の50年後を見に来たのだ」と答えると、その意味をよく分からない感じの笑みで彼女が微笑んだことがあった。このエピソードが語るものは、世間における「地方の危機的な状況」のイメージが当事者までをそう思い込ませているということであり、日本の地方やそこに点在する集落がこの様にメディア等を通して世間に於いて「脆弱化」されているともいえる。一方で、実際に地方の集落が危機的な状況に置かれているかというと、ケースバイケースである。即ち、一般化は困難で個々の実例と現場の状況によって異なっているのである。消滅寸前の現場もあれば、それなりに自主的な対応で危機を乗り越えた、又は乗り越そうとしているケースもある。本稿においては秋田県北秋田郡上小阿仁村の山間地にある八木沢の実例を通して現代日本の地方集落の現状を社会的脆弱性の観点から分析していく。つまり、どの様に衰退への道を辿ることになったのか、また、どの様な要因がそれを引き起こしたのかを明らかにして、現在、「活性化」の名の下で行われている取り組みの難しさをいくつかの例を通して掘り起こして行きたい。

脆弱性とは、一般に心理学や社会科学では災害関連の研究で用いられる用語であるが、システム、サブ・システム、又は、そのシステムの一部が摂動またはストレス、ストレス要因といった危険に晒されている程度の度合いと定義できる（Turner et al. 2003: 8074）。そして、脆弱性は常に変化するダイナミックな性質を持っている。例えば、津波被害を受けた沿岸地域の集落において復興過程の初段階においてニーズや脆弱性が異なることである。一方で、社会的脆弱性は、物理的、社会的、経済的、文化的なストレッサーへの露出により社会システムが害を被る可能性のある設定（構造、プロセス、制度的配置など）を指す。つまり、社会的脆弱性は社会を対象とした脆弱性であり、災害のような物理的なものに限らず、社会、経済、制度、文化などといった様々な要因を含むコンセプトである。

そこで、本文では、八木沢を社会的脆弱性の観点、即ち、地元の社会システムが社会経済の変化、政策などによる摂動によって危険に晒される過程を実例に地域社会の豊かさとは何かを説くことを試みる。

まず、地域の成り立ちについて述べ、戦後の高度経済成長期の頃から顕著になった衰退への道筋をスケッチしながら、生活の豊かさが如何に失われていったかについて社会的脆弱性の観点から考察する。続いて、状況を乗り越えるための取り組みについて著者の現地における観察を元に考察を行う。本文は、解決策を探るものではなく、一見、解決策と思われがちな対策であったとしても、それらを最後まで考え通さなければならない必要性を強調する目的がある。即ち、響きの良い「地域活性化」や「近代化事業」には、いくつかの罠が潜んでいる場合が多いと思われるからである。

なお、本文を作成するにあたって行われたフィールド調査期間は２０１４年夏（約40日）、２０１５年夏（14日）、２０１６年夏（８日）であり、２００９年から毎年秋田市から日帰りの短期滞在も数回行った。本文は、手元にある郷土資料や地元に於ける聞き書きで得られた情報を元に作成した。

2. 八木沢の成り立ちと衰退

「過疎化」と聞けば、どこかの田舎の話と理解しがちである。確かに、地方においてその現象が見られがちである。しかしながら、都会において過疎化が存在しないとは言い切れない。過疎は戦後から日本において生じた現象であるとも言えない。例えば、正確な統計がないものの、18世紀の江戸には１００万を越す人口がいたとされているが、明治維新に伴い、改名された東京の人口は50万人程度に激減した。同様に、三内丸山をはじめとする遺跡もまた、そこに住んでいた人々が置き去りにし、放置されていた場所であったからこそ後に遺跡として発見されたのである。近年では首都圏のニュータウンにおいても少子高齢化の影響が顕著になりつつあり、今後の課題に対する答えが求められている。そのような中、「過疎化」が「田舎」に限った現象ではないことがはっきり分かる。そしてまた、本章で扱う八木沢の例を見ると、過疎化は既に昭和30年代から当事者の集落住民が懸念していた事も分かる。ちなみに、秋田県は33・8％で2015年に全国で高齢化率が最も高かった（内閣府2017: 6）が、中でも、上小阿仁村は48・7％（総務省2015）で、正確な数字は無いものの、八木沢が集落別に最も高いと思われる。

(1) 八木沢の成り立ち

八木沢は秋田県内の中心に位置する上小阿仁村の南部に位置する。1830年（天保元年）に東方約7キロ離れた阿仁根子（現北秋田市）から数名の有志が移り住んだのが始まりだとされている。（鈴木1971）八木沢の開拓には既に1813年（文化10年）から着手しており、実に17年もかけての苦労であった。八木沢の南方から流れる小阿仁川上流に位置していた萩形集落も同時期（1822年頃）（鈴木1970）に開拓されたことを見ると、当時の佐竹藩が古くからあった阿仁鉱山の木材調達（主に木炭）に力を入れていたことが伺える。主に東北地方を襲った天保の大飢饉や幕末や維新期には殆ど影響が無かったようであるペリフェラルなこの地域では、比較的に自立していた様に見える。実際、今でも、大雪による雪崩や崖崩れによって孤立状態が続いても、山菜や湧き水といった自然の食糧資源が豊富な八木沢の住民はそれほど苦労はしない（森2013: 7）。

上小阿仁村の中でも八木沢は特殊な場所として知られている。他の集落に比べ、山間地に位置しているため、上小阿仁村の北部にある小阿仁川の下流域の稲作が盛んな平地の様に地主や小作といった社会経済的な上下関係は見られず、昔の生活を知っている住民に聞いたところ、平等・共助の意識が高かった様である。現在、一人生活を送っているT氏の話しによると、ある飲兵衛が住んでいた家があった。八木沢の住民は、その人が自身の子供の世話を仕切れなくて皆が呆れていたが、子供が可哀想だったから他の家で飯を食わせていたと語っていた。また、戦時中、朝鮮からの強制労働者が集落内の家に住んでいた様だが、住民は彼らをできる限り共同体の一部として受け入れていた。その理由については、農業と違い、林業では信頼関係が不可欠であるから、彼らには嫌な思いをさせたくなかったと地元の民生委員であったA夫人から聞いた。そもそも、林業が盛んなこの地域の戦中期は特殊であった様に思われる。A夫人の夫K氏は、戦後まもなく上小阿仁村から北方にある合川から婿養子入りした。その夫K氏から大戦末期の学徒出陣について興味深い話を聞くことができた。その内容は、当時の中高生を対象に行われた出兵（特攻）の試験に関するものであったが、20点未満の場合は徴兵を逃れた。地元の住民はできる限り出兵を避けたかったため、先生と相談の上、試験ではギリギリの19点を目指すことにしたらしい。肉体労働と信頼関係が前提であり、力仕事に若い男性を必要とする林業が主な産業であった地域における住民による一種のレジリエンス策とも言えよう。

八木沢では世紀末前後に特別学校の設置や国有林の管轄区といった近代国家の制度的な統合が見られるようになる。1925年（大正14年）には森林軌道が八木沢と萩形に通じ、国有林の伐採につかわれていた。軌道は国（林野庁）の財産であったため、乗客の移動手段としての利用は法律上禁じられていたが、上小阿仁村長によって黙認されていたため、責任関係は曖昧なまま、村の庁舎や医療施設、商店街から15キロ以上離れていた八木沢や萩形の住民によってしばしば買い出し等に利用されていた。（写真1、2）それまでの交通手段は無く、東方や西方への峰越が通常で、根子へは親戚やお寺の訪問に5時間を要した。軌道は村の生活において画期的なものであったのである。

写真1
森林軌道の八木沢停車場と住民。右下には小阿仁川下流域の商店街で購入されたと思われる味噌樽が見える。
(出典：村田勝郎氏提供；個人特定を防ぐため著者が一部モザイク化した)

写真2
森林軌道の特別来客運搬車。
(出典：村田勝郎氏提供；個人特定を防ぐため著者が一部モザイク化した)

(2) 高度経済成長が招いた衰退への道

戦後まもなく、八木沢の校舎に中学部が設置され、電力や電話も開設された。そして、後の発展にとって最も重要であったのが1961~1966年間に行われた萩形ダムの建設であった。その建設には戦後配布された国土総合開発法とそれに伴う上小阿仁村を含む地域が特定地域総合開発地域に指定されたことが背景にあった。(上小阿仁村史編纂委員会1994: 725) 地元の郷土史家として知られていた故鈴木萬次郎によると、「ダムが完成して八木沢は一躍三十年位の進歩を遂げたと言っても過言ではない。(鈴木1970: 29)」ダム建設に伴い、1963年に廃止された森林軌道の代わりに道路が設置され、次第に山奥の八木沢でバイクや自動車が普及し始めた。鈴木は1970年に当時の情報や交通の状況を「家庭状況」と言う名目で以下の表1の通りに集計した。

表１　昭和45年頃の八木沢における運搬とコミュニケーション状況

バイク	自家用車	電話	ラジオ	テレビ	新聞購読	勉強机	勉強部屋	風呂
67台	5台	3＋1台	68台	1台	5戸	15戸	5戸	28戸

（出典：鈴木1970: 23-25；名称と順序の変更は著者によるもの）

しかし、鈴木が当時「進歩」と評価した萩形ダムは、単に近代化の側面を指しており、集落にとっては逆に衰退を意味していたように見える。それは、現地において既に昭和30年に入り戦後ベビーブーマーの「団塊の世代」が首都圏へ流失して行く中で過疎が顕著になると予測されていたからだ（山下2012: 199-203も参照）。少なくとも、八木沢よりも奥地にあった萩形集落では萩形ダムの建設以前から上小阿仁村長が集落住民の流出を止める対策を必死に行った様子が伺える。ダム建設によって全38世帯の内の11世帯が埋没区域に入り、集落を去ったこともあり、ダム完成の翌年に新しい公民館やそのまた翌年にはナメコ工場が建設されたが、結局のところ、実り無く集落の住民は昭和45年に萩形を捨て、全戸が移転した。鈴木は萩形が「日本の社会構造の変化に押し流されて自然的に解消してしまったと考えなければならない」（鈴木1970: 44）と結論づけているが、果たしてそう簡単に言い切れるか、著者は疑問に思う。即ち、高度経済成長期が「社会構造の変化」を及ばしたのは言うまでも無いが、後のオイルショックによる国内生産の木材需要の低下はまだ先の話であった。むしろ、それよりも、戦後の国土総合開発に伴う巨大プロジェクト（ダム）とそれに伴う道路建設ならびにバイクや自動車の普及によって得られた行動や情報の自由、これらのほうが最も大きな要因であった様に思われる。即ち、鈴木が言う「社会構造の変化」ではなく「僻地におけるインフラ整備に伴うライフスタイル（生活）変化」が過疎へ繋がる原動力になったと言うことである。そしてまた、この過疎現象の当事者と言えば、「団塊の世代」の中でも先輩たちの都会生活に憧れを持っていた若者が大半を占めていたことも確かであろう。

グラフに上小阿仁村（グラフ１）と八木沢（グラフ２）の人口と世帯数の推移、グラフ３には八

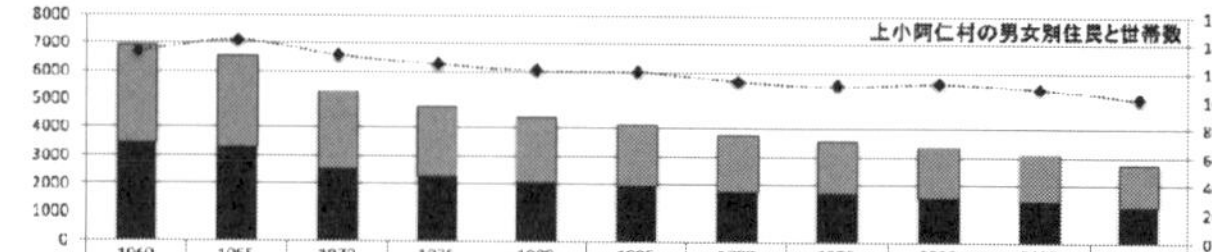

	1960	1965	1970	1975	1980	1985	1990	1995	2000	2005	2010
女性	3463	3240	2742	2423	2278	2161	1985	1857	1789	1651	1448
男性	3483	3310	2500	2285	2074	1955	1761	1696	1580	1456	1279
世帯	1343	1422	1318	1259	1214	1207	1141	1109	1129	1090	1008

グラフ1
（出典：総務省2015及び上小阿仁村役場総務課によって提供された集落別情報）

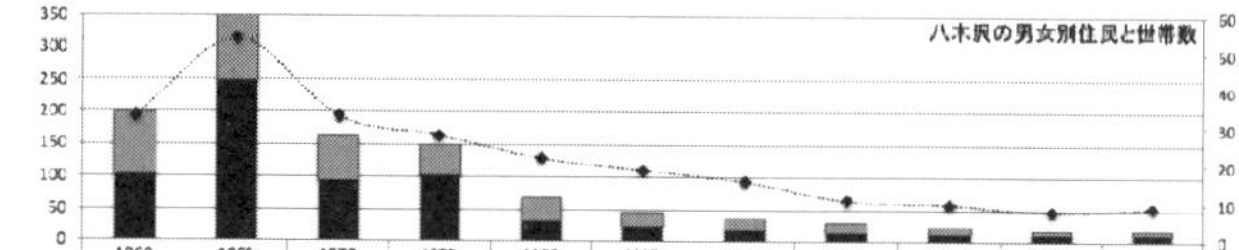

	1960	1965	1970	1975	1980	1985	1990	1995	2000	2005	2010
女性	97	100	69	47	37	23	17	14	11	9	7
男性	102	249	94	103	32	21	19	15	13	10	11
世帯	33	54	33	28	22	19	16	11	10	8	9

グラフ2
（出典：総務省2015及び上小阿仁村役場総務・企画課によって提供された集落別情報）

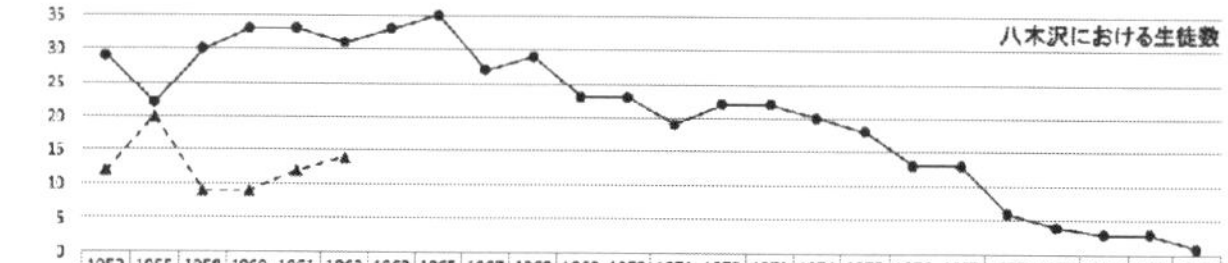

	1952	1955	1958	1960	1961	1962	1963	1965	1967	1968	1969	1970	1971	1972	1973	1974	1975	1976	1977	1978	1979	1980	1981	1982
小学校	29	22	30	33	33	31	33	35	27	29	23	23	19	22	22	20	18	13	13	6	4	3	3	1
中学校	12	20	9	9	12	14																		

グラフ3
（出典：上小阿仁村役場総務課1990: 19）

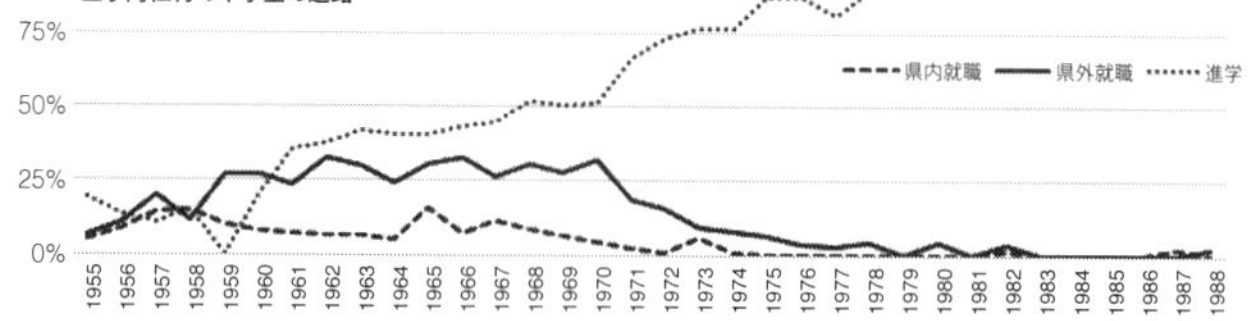

グラフ4
（出典：上小阿仁村百年誌編纂委員会1989: 320－321）

木沢にあった分校の生徒数の推移と、グラフ4には上小阿仁村の中卒生の進路が示されている。まず、グラフ1は昭和40年をピークに次第に人口が世帯数と共に減っていることが顕著である。一方で、グラフ2で目に入るのが昭和35から40年に掛けて男性住民が1.5倍弱増え、グラフ1と同様にその頃をピークに下り坂に入った点である。男性

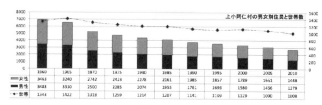

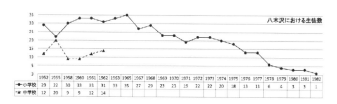

多数の状態は昭和50年まで続くが、特に、昭和50年から55年に掛けて住民が半数以下になっている。一方で、グラフ3では昭和30年代初頭の小学生徒数の激減によって37年度末をもって中学校が閉校し、グラフ2の人口データと同様に昭和50年代に入って生徒数が再び半減し昭和57年年度をもって閉校に繋がったことである。また、グラフ4の上小阿仁村の中卒生の進路においても、昭和37年から45年に掛けて県外への流出が顕著であり昭和50年頃まで続いていた。

住民にこの頃の地域生活の変化に関して話しをいくつか聞けた。中でも、集落の共同活動や娯楽文化の変化が揚げられる。例えば、秋田県では「良い嫁はドブロク作りが上手でなければならない」と言われたほど、濁酒（ドブロク）文化が盛んであった。当然、山間部の奥地にある八木沢においても住民にとって遠出して酒屋のお酒を購入する手間よりも、自宅で製造された濁酒を楽しむ方が手軽であった（写真3、4）。しかし、昭和40年代に入り、道路が出来て気軽に八木沢まで足を伸ばせる様になって、税務署の厳しい検査も盛んになり、現地の濁酒文化が次第に途絶えた。住民の中には数年分の税収が請求されて酷い目に遭ったケースもあった様だ。また、それまで当然

写真3
運動会で濁酒を楽しむ住民と教員。
（出典：村田勝郎氏提供；個人特定を防ぐため著者が一部モザイク化した）

写真4
八木沢の寄り合いで濁酒を楽しむ住民。
（出典：村田勝郎氏提供；個人特定を防ぐため著者が一部モザイク化した）

だった物々交換もその頃に途絶えた。例えば、K氏が購入した最初のテレビは米で購入したと言う。現在の部落長であるT氏は、「八木沢にいれば別に金なんて全然必要なかったのに皆が次第に金で物を買うようになった。無理矢理にそうさせられた気もする」と語る。即ち、道路建設によって八木沢では次第に近代的な税制度といった社会の合理化（ウェーバー 1980）が進み、ついには住民の間でも貨幣経済の文化が浸透したと言うことである。言い換えると、物々交換において集落内の「品」や「サービス」の価値が曖昧な状態にあったからこそ、様々な交換のアリーナがあったと言うことで、これらの正確な金額が不明であるため収税できない。合理的な運営を条件とする近代的な税務行政が住民に客観的に検証できる形で対応してもらったと言うことになる。この、軌道での運搬に於いても見られた生活の中の曖昧さこそが、交換によって人々の関係を築き、そう言う意味で共同体の存在そのものを支えていたと言える。

また、八木沢の住民よると、昭和60年前後にはいくつかの共同活動が途絶えた。開村当時から出身地の阿仁根子より伝承された八木沢番楽という民俗芸能が行われていた（森 2013: 9）。アクロバチックな要素を含むこの伝統芸能を担っていたのが、村の若者であった。しかし、正確な年は不明であるものの、１９９０年前後にはその番楽が人手不足により廃止に追い込まれた。元々は、お盆や秋の収穫期の祭典で披露されていた体力と少なくとも12名以上を要する数日間にわたって行われた民俗芸能行事であり、村の人々はその番楽をスペクタクルとして大変楽しんでいた。また、その祭典に参加し華麗な踊りを演じた者にはコミュニティー内でその能力がステータスとして評価されていた。しかし、この住民にとって娯楽の一種であった八木沢番楽の伝統も諦める結果となってしまった。

他にも、萩形ダムから西方の馬場の目へ抜ける県道１２９号で毎年少なくとも二回行ってきた雑草駆除が人手不足で出来なくなった。通常、共同体にはそれなりのルール（規約）がある。八木沢では今の時代、年初めに初寄りは行われているものの、住民が少ないため規約は確認できない。著者が研究を行っている阿蘇地方のN地区の規約を参考にしてみると、次のような内容になっている：地区の範囲や組織的な定義、集会の日程・場所や区長・役員選挙の実施日、役員任期の設定、会計に関する決まり、組織のメンバー規定（誰が集会に参加し投票権を持つか）、地区の公役・行事における運営などである。N地区にはこの準行政的な地区組織以外にもいくつかの組織がある。例えば、主にリタイアし年金生活を送っている人から形成される組織、また、それに平行した婦人会や主に子育て世代からなる若手の組織、それに農業生産組合、消防団、氏子総代、祭礼を実施するグループなど様々な組織がある。そしてまた、これらの諸組織にはそれぞれの集会があり、観察した限りはそれらに参加する住民にとってはかなりの時間が費やせさられている。即ち、共同体の運営にはそれなりの個人的な時間を犠牲にしなければならない。しかし、住民が少なくなってしまった八木沢においてはこの様な共同活動は事実上運営しきれなくなっている。つまり、集落の共同生活において大きな要素が無くなっており、それもまた、先に述べた社会の合理化と同時に、ある時点から共同体を形成するために不可欠なステークホールダーが足りなくなったため、衰退のさらなる要因となってしまった。つまり、集落を社会システムと捉えるなら、人口減少によって衰退への下り坂を加速したことになるので、これこそが社会的脆弱性を増してしまったと言える。

3．地域おこし協力隊と現代アート祭の間に見られる住民の葛藤

八木沢の状況は年号が昭和から平成、そして21世紀に入っても変わらず衰退の道を至った。２００５年の国勢調査では8世帯、住民は男性10名、女性9名まで減少していた（グラフ2／写真5、6）。しかし、２００９年11月

写真5
1998年の風景。
(出典：村田勝郎氏提供)

写真6
写真5と同じ位置から撮った2015年の風景。
(出典：村田勝郎氏提供)

下旬、地域おこし協力隊の二名の男性が秋田県内で初めて八木沢の公民館に駐在するという画期的な出来事があった。このことは地方新聞等で大きく取り上げられ、協力隊員自らも、「上小阿仁のジャニーズ」と冗談半分で敬称されるほど地域の住民に可愛がられた。

地域おこし協力隊は、総務省の事業であり、人口減少や高齢化等の進行が著しい地方において、地域外の人材を積極的に誘致し、その定住・定着を図るといったものである。通常、協力隊員は2年もしくは最大3年間雇用できる仕掛けになっている。八木沢における地域おこし協力隊員の具体的な仕事は、高齢化した住民の「生活サポートや、途絶えていた八木沢番楽の復活、休耕田の再生といった活動のほか、上小阿仁村の若者と新しい特産品作りに取り組み」(秋田県の上小阿仁村に関するサイト)だ。夏には草刈りを手伝ったり、北東北の日本海側にある山間部の豪雪地であるため冬には高齢者にとって危険な屋根の雪下ろしも手伝っている。中でも、八木沢の協力隊員が力を入れたのが八木沢番楽の復活であった。

その八木沢番楽を上小阿仁村役場の委託研究を行った森繁哉は、「行政の施策的アプローチをきっかけにして始まった」(森2013: 42)と位置づけているが、八木沢の住民や廃止まで八木沢番楽を担っていた有志に声を掛けていった末に「ＫＡＭＩＫＯＡＮＩプロジェクト」と称される現代アート祭の一環で昔に比べて小規模ながら復活した。以来、八木沢のＴ氏はこのグループの頭を務め、有志には協力隊員の他に部落長であるＨ氏、もう八木沢に住んではいないものの、しばしば自身の畑作業を行いに来るＭ氏や住民だったＳ氏とその息子、そして上小阿仁村の小中学生が参加している。一方で、当初は総務省の財源を活用して始まった「ＫＡＭＩＫＯＡＮＩプロジェクト」は県内でも新しい取り組みとして話題を呼び、テレビ・新聞等で多数取り上げら、２０１２年から２０１７年まで毎年夏に行われて来た。

「ＫＡＭＩＫＯＡＮＩプロジェクト」は、当時は秋田公立美術大学（旧秋田公立美術工芸短期大学）の芝山昌也氏がディレクターを務めた企画であり、僻地である八木沢において現代アート祭を実施することによって活性化を図ろうというものである。２０１２年度の初年は、「大地の芸術祭」（越後妻有アートトリエンナーレ）の飛び地として開催され、２０１４年夏には越後のアート・ディレクターとして著名な北川フラム氏なども八木沢を訪れた。特に秋田県内で知られるようになった「ＫＡＭＩＫＯＡＮＩプロジェクト」は、１万人から１万６千人の来客を数える秋田県では大きなイベントへと成長していった（写真７）。その来客は、自然に恵まれた環境の中で、展示されている数々の県内外の作者による作品を堪能してきた。しかしながら、これらの取り組みは一見、地域活性化に繋がるように見えるが、実際のところは様々な問題も発生している。

写真７
「ＫＡＭＩＫＯＡＮＩプロジェクト」にて作品を鑑賞する来客。
（出典：著者2014年8月31日撮影；個人特定を防ぐため著者が一部モザイク化した）

写真８
「KAMIKOANIプロジェクト」にてカフェ・休憩所の風景。
（出典：著者2014年9月7日撮影；個人特定を防ぐため著者が一部モザイク化した）

現代アート作品が展示されるアート祭の期間中は、廃校後から地元の公民館として活用され、協力隊員の宿舎でもある校舎は展示場の一部となり、週末には上小阿仁村の婦人会が担うカフェ・休憩所で「八木沢カレー」を小学生向けの学習机に向かって座っている来客に振る舞っている（写真８）。住民数名も日当が与えられる形で手伝いに来る。また、会場は飲食の他に記念品などを販売する売店としても活用されている他、八木沢の歴史についての資料も読める様になっている。設置されているテレビ画面には上小阿仁村の過去や「KAMIKOANIプロジェクト」関連のビデオが流れている。

著者が調査中のある日、八木沢出身である家内と共にその公民館で来客に混じってカレーを食べに行った事がある。食べながら、机を挟んでアートに興味があり秋田市から八木沢を訪れたと言う中年女性と話を交わした。話題が、会場の旧校舎になり、隣に座っていた家内もこの校舎で学んでいたと伝えると、驚いたかの様に「えっ、こんな所でそだったの?!」と返されたため、家内はずいぶん不愉快な思いをした。このエピソードに見られるように、来客の中には住民を除いた八木沢を見に来ている人が多いようだ。同時に、八木沢の住民は現代アートについて理解しているとは言い難い。また、義親の八木沢にあった家は数年前に解体されていたが、著者が家屋として利用していた小さな倉も作品として活用されていた。そこに、私有地であるにもかかわらず、しばしば来客が勝手に侵入したり無理矢理に話に巻き込もうとして迷惑したこともある。倉の周囲にある歩道を歩く来客の声も聞こえたのであるが、中には、女子大生の様な人が八木沢の風景を見渡したのか、

「わー、里山だ！」と発言した。少しでも考えて現実を見ると、手入れされていない杉がボーボーに生えている現状は里山どころか、崩壊してしまった里山そのものであるため、とんでもない誤解だと微笑んだ覚えもある。来客の中には私有地に生えているミョウガやカボチャを勝手に収穫し始める人もいれば、ヒルの様な厄介な生き物やマムシなどの毒蛇の存在に無知な子連れの親には「あぶないから藪に入るな！」と注意しても嫌な顔をされた。

この様な実例を見る限り、「KAMIKOANIプロジェクト」の作品については意図的に集落内に設置されているので何も言い難いが、少なくとも来客と住民の間が繋がっておらず、イベント自体がかなり浮いている性質を持っていることが伺える。唯一、カフェのお手伝いと八木沢番楽の披露が本来、総務省の重要な意図であったはずの「都市から地方への移住・交流の促進」となっている。

それだけではない。地域おこし協力隊制度そのものも大いに疑問視できる。地域協力活動を行う期間は、おおむね1年以上3年以下である。また、平成22年度からは任期後一年間、或いは隊員最終年次に隊員の起業に対して国の支援が受けられるようになった。しかし、上小阿仁村の場合は、地域おこし協力隊員が任務期間を終えた後に役場の臨時職員として雇用した。これによって、住民の協力隊員に対する姿勢も大きく変わったと協力隊員の一人から聞いた。つまり、以前は国からの助成金によって活動していた協力隊員が、自治体の臨時職員になったため、納税者である地域住民の税金で雇われていると思われ、納税者である地域住民がその仕事ぶりを批判や評価したりする者が目立ち始めたのである。

また、行政指導の下で復興できた八木沢番楽に関しても、有志の中で問題視してきた人がいる。協力隊員が住み着かずに上小阿仁村を去って行ったら誰が彼らの代わりに担ってくれるのか。また、児童に地元の伝統文化を教えるのは素晴らしいことであるが、その児童は上小阿仁村には高校が存在しないため、何れは村を離れてしまうため、伝統の継承には繋がらないことに悩まされている。しかも、児童を指導するために有志たちは八木沢から車で狭い山道を約30分先にある上小阿仁中心部まで足を運ばなければならない。八木沢番楽の有志たちは既に一度、その伝統を諦めなければならなかった中、ある程度は復興したものの、継続が心配であることも伝統の復興に対する喜びに陰を落としている。

これらの、ごく一部しか紹介出来なかった諸問題は、響きの良い「地域活性化」の下で起きうる現実として受け止めなければならない。また、行政の指導によって真の豊かさを取り戻せるかも疑問視しなければならない。逆に、前章にて露わになった「曖昧さ」が社会的な合理化によって無くなってしまい、終末には豊かさを失っていった過程を見る限り、行政側が行動を起こす場合、規制の緩和を行った方が予算的にも効果的にも効率的であるのかもしれない。何れにしろ、八木沢の住民を尊重し、それを前提に行政も動いてもらう必要がある。

4. まとめに代えて

本文では、秋田県北秋田郡上小阿仁村の山間地に位置する八木沢を社会的脆弱性の観点、即ち、地元の社会システムが社会経済の変化、政策などによる揺動によって危険に晒される過程を実例に地域社会の豊かさとは何かを説いてみた。

技術の発展、及び、社会経済的な要因によって僻地である八木沢では分校の設置や森林鉄道の建設により徐々に近代国家の制度的な統合が見られた。また、戦後期には、国土総合開発法とそれに伴う上小阿仁村を含む地域が特定地域総合開発地域に指定され、大がかりなダム建設事業によって森林鉄道が道路に置き換えられ、同時に進行した住民の可動性が衰退への道を切り拓いた。本文では詳細な人口データと共に、その衰退の過程で見られた生活の質的な変化も取り上げ、中でも、客観的な価値を不可欠とする近代的な税制度（合理化）によって貨幣経済の文化が浸透し、住民間での曖昧な価値を交換する物々交換の衰退が共同体のさらなる貧弱化を引き起こした要因である事を示した。その過程で、住民の流出が抑えきれなくなり、共同体の機能の多くを失っていった。また、この様な事態を解消すべく発案された地域おこし協力隊員の動員や、他地域との交流に繋がる取り組みとして始まった芸術祭を通して、それらの行政指導下で行われてきた制作の問題点を少なからず提起した。

著者は解決策を探るつもりはない。一方で、一見、解決策と思われがちな「響きが良い」対策であったとしても、それらを十分に検討する必要性を強調したい。即ち、活性化に繋がるアイデアを探るのは大いに意義がある。しかしながら、それらを実行に移す際にはとことんその結末についても考えていく必要がある。何故なら、響きが良いからといって必ずしも良い結果を生むとは限らないし、加えて、人々の生活に関わることであるため、無責任に行動できないからである。また、著者のような学者が調査を行う際には、対象地の住民の立場を常に尊重しなければならない（宮本・安渓2008）。行政や政界、世間においても、地域住民の尊重が無い限り、再生の結末には敗北が待っているのは確かであろう。

こういった問題意識から、「地方創生」には実現の可能性ばかりでは無く、失敗や悪影響の側面も十分に把握していかなければならないと思う。

参考文献

大野晃（2005）『山村環境社会学序説：現代山村の限界集落化と流域共同管理』農文協。

上小阿仁村史編纂委員会編（1993）『上小阿仁村史・資料編』上小阿仁村。

上小阿仁村史編纂委員会編（1994）『上小阿仁村史・通史編』上小阿仁村。

上小阿仁村百年誌編纂委員会編（1989）『上小阿仁村百年誌』上小阿仁村。

上小阿仁村役場総務課編（1990）『村勢要覧・資料編』上小阿仁村。

鈴木万次郎（1970）『はぎなり』津田孔版印刷。

鈴木万次郎（1971）『郷土史「八木沢」』津田孔版印刷。

総務省（2015）「平成27年国勢調査」。

内閣府（2017）『平成29年版高齢社会白書』。

増田寛也（2014）『地方消滅――東京一極集中が招く人口急減』中公新書。

マックス・ウェーバー（1980）『職業としての学問』尾高邦雄訳、岩波文庫。

宮本常一・安渓遊地（2008）『調査されるという迷惑：フィールドに出る前に読んでおく本』みずのわ出版。

森繁哉（2013）『上小阿仁村八木沢番楽調査報告書』上小阿仁村役場。

山下祐介（2012）『限界集落の真実：過疎の村は消えるか』筑摩書房。

Turner, B. L. II, Roger E. Kasperson, Pamela A. Matson, James J. McCarthy, Robert W. Corell, Lindsey Christensen, Noelle Eckley, Jeanne X. Kasperson, Amy Luers, Marybeth L. Martello, Colin Polsky, Alexander Pulsipher, Andrew Schiller (2003) "A framework for vulnerability analysis in sustainability science" In: *Proceedings of the National Academy of Sciences* (USA), 100(14), pp.8074-8079.

〔ヴィルヘルム・ヨハネス／慶應義塾大学／日本研究・民俗学〕

農の特質と成長経済

三浦永光

1．経済成長志向の時代

なぜ今、「農」なのか？この問いに答えるためには、現代世界と日本社会がどのような状況にあるかについての一定の視点が明らかにされなければならない。私はそれを、「国民の生活安定と福祉の向上のためには、経済成長が必要であり、すべての問題の解決には何よりも経済成長が前提条件とされる」という見方が蔓延している状況と表現したい。現代の世界において、ほとんどすべての国家が経済成長政策を採っている。我が国も例外ではない。安倍政権はその経済政策（アベノミクス）として「三本の矢」を掲げ、そのうちの一つとして「民間投資を喚起する成長戦略」を挙げている。安倍首相は２０１４年、「経済成長こそが安倍政権の最優先課題」だとのべている。不況とデフレからの脱却、雇用の増加と失業率の低下、消費者の購買力の向上、財政再建、社会保障費の確保、環境汚染対策など、いずれを取り上げても、その解決策には多大なコストがかかり、それをまかなうためには経済成長が欠かせないという。経済成長は社会のすべての問題を解決する万能薬と信じられている。経済界も、政界も（与野党ともに）、マス・メディアもこの点では異論がないようである。

しかしＧＤＰ（国内総生産）の成長とは国全体の財とサービスの生産物の合計を貨幣価値で表した数値である。

それは総額を示すが、社会の中の格差と不平等を表さない。上位1%に所得が集中して他の99%が貧困であっても、GDPは成長するかもしれない。また大都市に富と繁栄が集中し、地方が不況、失業、過疎にあえいでいても、GDPは成長しうるのである。

小泉政権(2001~2006年)の頃から顕著になった規制改革は、企業の行動を規制するさまざまな制約を緩和して企業がより自由に活動できるようにする政策である。これはたしかに企業にとっては有利な措置であるが、しかし従業員にとってはマイナスに働く。正規従業員を減らして非正規に変える。厚労省の発表によれば、2015年、全就業者に対する非正規労働者の割合が40%に達したという。1990年の20%から倍増したことになる。パート、嘱託、アルバイトなどの非正規雇用の増加は企業にとっては人件費を削減できて収益増加につながるが、雇われる側は低賃金で、賞与や社会保険、退職金がない場合が多く、身分が不安定である。では正規従業員はどうかというと、とくに中小企業の場合、長時間労働を強いられることが多く、しかも残業手当がない例も少なくないという。過労死とそれをめぐる訴訟の報道がしばしば見られるのも、政府の規制緩和の影響の一つであろう。規制緩和による経済成長政策が万能薬であるどころか、勤労者のかなりの部分にとって生活水準の低下と生活の不安定をもたらしている。

政府が経済成長のために重視しているのが貿易と国際投資の促進である。商品・サービスの取引を外国の市場に拡大し、また諸外国に直接投資することによって利益を増し、GDPを高めることができる。世界貿易機関(WTO)や、現在協議されている環太平洋経済連携協定(TPP)はそのための国際機関と多国間協定である。「例外なき関税撤廃」を標榜する自由貿易協定は日本の製造業、とくに自動車、半導体、鉄鋼などの輸出産業にとっては有利に働くであろう。しかし農業分野にとっては極めて大きな打撃となることが明白である。アメリカ、オーストラリアなどの大規模農場で生産された安い米、小麦、食肉、乳製品などの農産物が輸入されるならば、日本の農業と畜産業は致命的な損失を受け、ひとたまりもなく全国にわたって廃業が続出するであろう。安倍首相は「強い農業」「攻めの農業」の育成を語り、ほんの一握りの大規模農業経営者が厳しい国際農業市場で輸出を伸ばすことを期待しているが、現在の農家の大部分を占める小規模の家族農業は消滅しても構わないと考えているのだろう。国民の食糧は大部分を外国から安く輸入するほうが効率的で合理的だと計算していると思われる。ＧＤＰを成長させるならば、獲得した貨幣によって食糧を外国から輸入すれば済むことだというのである。しかし、果たしてそれでよいのだろうか。これについては後述する。

2．成長経済の終焉―地球温暖化とエコロジカル・フットプリントの事例から

現代の経済成長政策が行き詰っていることの兆候として、まず地球温暖化の問題を挙げたい。地球温暖化が国際政治の場で地球環境危機の一つとして論議され始めたのは１９８０年代末からである。温暖化は大気汚染、酸性雨による森林の枯死、海洋汚染、オゾン層の破壊、森林伐採、生態系の破壊による生物多様性の減少などと並んで大きい問題となっている。18世紀末に始まった産業革命以後、人間の産業活動の拡大の結果として生じた二酸化炭素ほかの温室効果ガスが大気圏に放出され、それが太陽光を受けて大気の温度を上昇させ、異常気象を引き起こすという現象である。温暖化は化石燃料をエネルギー源として大量消費してきた先進工業国の経済成長の結果にほかならない。とくに第二次大戦後の先進工業諸国による石油の大量消費と未曽有の経済成長によって、温室効果ガスの濃度が顕著に高まったことが明らかになっている。ＩＰＣＣ（気候変動に関する世界の専門家の研究チーム）の第

五次報告書（2013〜14年）によれば、世界の平均気温の年毎の上昇、海水温度の上昇、氷河と永久凍土の融解、海水面の上昇と低地都市の沈没、大規模な台風、洪水、干ばつ、猛暑、感染症の発生・拡大などのリスクの証拠が2007年の第4次報告書よりも増加しているという。

地球温暖化が農業に与える影響は、世界規模で食糧、とくに穀物（小麦、米、大豆など）の安定供給に大きなリスクが生ずることである。また水資源の減少と水をめぐる競合が激化することが予想されるという。

地球温暖化の警告に対して、国際社会は1992年の気候変動枠組み条約と1997年の京都議定書にもとづく世界各国の対策実施を経て、2015年のパリ協定採択（2016年発効）によって、発展途上国を含む各国が協力して温室効果ガスの排出を減らし、産業革命以前に比べて世界の平均気温の上昇を2℃以内に抑え、さらに1.5℃にとどめる努力をするという目的で合意した。そのために温室効果ガスの人為的排出量が吸収源（森林、海洋など）による除去の量を超えず、これと均衡する状態に21世紀後半に達することが目標として明記された。これは画期的な目標であり、これを達成するためには、世界各国が早急に化石燃料を脱却し、再生可能エネルギー（水力、太陽光、風力、バイオマス、地熱など）へと転換しなければならない。また森林、海洋などのCO_2吸収能力全体が当然、一定の限界をもつことを考慮すれば、化石燃料の消費量をたえず増加させることによって経済成長を遂げてきた従来の経済「発展」志向から低炭素の定常経済へと切り替えなければならない。つまり脱成長が必要なのである。果たして世界の各当事国が、また日本がこのパリ協定の実施に向けて自国の経済的・政治的変革に積極的に取り組めるかが問われている。

成長経済が人類の存続を危うくしていることを示すもう一つの視点がある。それはエコロジカル・フットプリントの概念を通して、人類が年間に消費する生物的資源量を地球が毎年産出できる生物的資源量（生物的生産力）と比較するという方法である。生物的資源は土地（水産物資源の場合は水域）からのみ再生産され、土地・水域の面積によって制約されている。エコロジカル・フットプリントはわれわれが利用している生態系の資源とサービスを供給するために必要な土地・水域の面積（ヘクタール単位）を算定する。生物生産力はこれらの資源とサービスを供給するためにじっさいに利用できる土地・水域である。生物生産力は各国・各地域のエコロジカル・フットプリント（生物的資源消費量）が比較されるさいの生態的基準線の役割を果たしている。生物生産力もエコロジカル・フットプリントもグローバル・ヘクタール（gha）と呼ばれる共通の単位で表示される。グローバル・ヘクタールは、人類の生物的資源消費量および生物的生産力を各々世界全体の土地・水域面積に均等に分けると仮定した場合の1ヘクタールである。

人類のエコロジカル・フットプリントは1971年に初めて地球の生物的生産力を超え、以後上昇を続けている。Global Footprint Network (2017) によれば、2012年現在、人類のエコロジカル・フットプリントは地球全体の生物的生産力の1.6倍に達したという。人類はわれわれが毎年利用している生態系の資源とサービスを確保するために1.6個分の地球の再生能力を必要としているのである。このような地球の資産の食い潰しは長く続かず、もしもこのペースで進めば、人類は近い将来、破局にいたることが避けられない。

エコロジカル・フットプリントの増大の原因はおもに人類の経済成長政策と人口増加にある。貧困と飢餓から脱却できない発展途上国が多数存在する一方で、豊かな繁栄を享受しながらも成長を続ける先進工業国と、高度成長を遂げつつある新興国が存在する。この不均衡にもかかわらず、人類全体としては生物的生産力を超えるエコロジカル・フットプリントの絶えざる増大を続け、危機に向かっているのである。

3．戦後日本の農業の歴史と現状

戦後の成長経済の下にあって、わが国の農業はどのような位置に置かれていたのだろうか。高度経済成長期のわが国の農業政策は1961年の農業基本法によって定められた。その目的は農業と他産業との生産性の格差を是正し、農業の生産性の向上、農業者の所得増大を目指して農業の近代化と合理化を図ることである。具体的には、都市消費者の需要の変化に応じた農業生産の「選択的拡大」（収益性と地理的特性に応じた作物の生産への特化）、農業経営の規模拡大、技術的改善（機械化、化学肥料・農薬など）、農産物の価格安定に必要な国の施策などである。農業基本法は農業を工業的方法と成長経済に適合させ、工業中心の社会構造の中に取り込む性格のものであった。

この法律の成果はどうであったか。たしかに、農家の所得は向上した。しかしそれは兼業農家が増加して（現在、全農家に占める兼業農家の割合は七割）、農外所得が増えたことによるものであった。農業所得が増えたとしても、それのかなりの部分はトラクターやコンバインなどの農業機械、化学肥料・農薬、さらに施設・資材費、燃料などのコストを差し引けば、実質的農業所得がどの程度増えたかは疑わしい。また食糧の自給率が39％（カロリーベース）、穀物自給率は29％（飼料を含む重量ベース）まで落ち込み（2014年）、先進国の中で最低水準である。加えて農業人口の減少が急速に進み、2016年には農業就業人口が200万人を切った。また若い農業後継者が激減し、農業従事者の高齢化も著しく、60歳以上が77％に達している。その結果、耕作放棄地が急速に増加している。また農薬・化学肥料の使用による土壌と環境の汚染、農産物の安全性への消費者の不安は国の農業政策に重い課題を投げかけている。

このような状況に対して、国は1999年、農業基本法に代えて「食糧・農業・農村基本法」を制定し、農業の多面的機能に対する国の環境支払いの施策などを加えて対応しようとした。しかしその後20年近く経ったが、農業の現状が大きく変わったとは見えない。それどころか、安倍政権の下で２０１４年に発表された規制改革会議の「農業改革に関する意見」とそれにもとづいて政府が２０１７年に国会に提出した一連の農業改革法案は、「農業の成長産業化」を実現するための大胆な改革を打ち出している。すなわち、市町村の農業委員会委員を組合員（農民）による選挙制から市町村長による任命制に変える。農地を所有できる法人として、企業の進出を促進する。農業協同組合の中央会制度を廃止し、全農を株式会社に転換する。このような農業改革は旧農業基本法以上に成長志向を露わにし、経済のグローバル化と貿易の自由化という激化した競争に耐えうる「強い農業」への転換を目指している。政府の関心は農家と農村の再生よりも商工業・サービス業の経済成長、食糧自給率よりもＧＤＰの増大にある。

4．農の特質

そもそも農業が市場経済の中で他産業と並ぶ一産業といえるのかが問われねばならない。農業は本来、市場経済に適合するのだろうか。人類の歴史の中で農は市場の開始よりも古い。農は人間が土を耕して食用植物を生産する営みとして始まった。市場は、農から手工業と商業が分離し、社会的分業と、貨幣による交換が慣行になった時以後に成立したものである。分業と市場での商品交換が一般化するまでは、人間は誰もが農に従事して暮らしていた。農は工・商よりも根源的である。人間は、極限状況においては、工・商がなくても生きられるが、農なくして生きることはできない。しかし文明が発達し、人々の富と生活水準要求が高まるにつれて、社会的分業は高度化・細分化し、都市と農村が分化する。生活が便利と快適さを増すにつれて、家計においても社会全体においても、富とその消費において食糧費の占める割合は相対的に低下する。このような背景の下で、人々が食糧を空気か水のように容易に得られるものと思い、農業を軽視するようになった。これがとくに現代日本の現状であろう。（欧米諸国は日本と違って、食糧保障政策を取り、食糧自給率をきわめて高く維持している。）しかし、どんなに豊かな社会でも、どんなに製造業やサービス業が発展しようとも、人間が生物的存在である限り、生活必需品としての食糧の重要性は変わらない。それは1945年の敗戦後、都市と国土の廃墟のなかで都市の人々が食糧不足に苦しみ、農村に出かけて高価な着物などと交換に米を買うために苦労した事実を思い起こせば、容易に想像できよう。そのような事態は先述の地球温暖化と異常気象が進行する中で食糧危機として再来するかもしれない。食料危機が現実となれば、食糧は市場でどんなに多くの金銭を出しても手に入らない。そのとき、人は一日たりとも生きることができなくなる。

農業は本来、生命を育てる営みであり、工業と同列の一産業として市場経済の中に組み入れることはできない。人間は基本的に植物によって生存を維持している。植物は太陽エネルギーと土壌の力によって生育する。人間経済の源は植物の経済である。農業は自然条件に従いつつ、自然の循環的生成過程に協力し、生活の糧を得る根源的な行為である。したがって本来の人間経済における重要度の順位は自然環境の維持・保護、農林業、工業、商業・サービス業の順であろう。もちろん工業も消費のためのサービス産業も文明世界では欠かせないものであるが、しかしそれらは農業の基礎の上に展開しているのであり、農業に比べれば派生的・補助的な位置にとどまるものである。古代ギリシャのクセノフォンが言うように、「農業は他の技術の母であり、乳母である」。だが現代の市場経済では、工業・サービス産業が農業を不釣り合いに安い市場価格を通して支配している。農業生産は工業生産では想像しがたい多くの制約と不利な条件を本質的に抱えている。すなわち農地の地理的・気候的多様性、厳しい自然条件、農業労働の季節性、病害・虫害・獣害、単位面積当たりの収穫量の本質的限界、農産物の腐敗の速さ、生産過剰と生産過小（豊凶）、農産物に対する需要の価格弾力性の低さなどである。要するに、農業は市場経済においては不利な位置に置かれている。しかし農業は人間の生存のためには最も基幹的な営みである。農業は交換価値を生むことでは不利であるが、使用価値を創ることでは最も重要な役割を果たす。食糧と農は市場での交換価値を超えた生存価値、言い換えれば、生命体としての人間の基盤をなすものである。もちろん、工業と商業・サービス業は質の良い文化的生活を営むために必要であるが、しかしそれは農林水産業とその担い手によって支えられる生活基盤の上にはじめて可能となるのである。

農が市場経済にうまく適合しないとすれば、成長経済にはいっそう不適合である。成長経済は市場経済を前提しているが、たんなる市場経済ではなく、生産と市場規模がたえず拡大する経済である。その意味では、成長経済を資本主義と言い換えてもよい。たんなる市場経済においては、人々が毎年、いや世代が次々に代わっても、自分の家族が生活するに必要な収穫または所得を生業によって稼ぐことができればよいとする暮らし（単純再生産）が可能である。じじつ、それが産業革命以前のヨーロッパ社会および明治以前の日本においても一般的慣行だったのである。しかし、先述のように、産業革命は、それ以前の時代と違って、石炭をエネルギー資源として使用することによって成長経済の原動力とした。この経済は第二次大戦後、石油の大量消費によってさらに飛躍的に成長を遂げた。欧米先進国と日本は１９７０年代後半以後は低成長時代に入ったが、それにもかかわらず、なおも成長を追求している。その結果、バブル崩壊や金融危機を繰り返している。

なぜ農業が本質的に成長経済と適合しないのか。それは、農業が一定の有限な面積の土地の上でしか営むことができないからであり、一農家であれ、一国であれ、また地球上の全陸地面積であれ、農地を毎年拡大し続けることはできないからである。しかも土地面積だけではない。単位面積当たりの土地の作物生産量が、たとえ肥料の多投、品種改良、遺伝子組み換えを試みたとしても、本質的に一定の限界をもっている。工業生産の場合、社会的・政治的制約を一応度外視するならば、原料、エネルギー、労働力、設備を増加して規模拡大することが可能であり、季節と昼夜に関わりなくフル稼働させ、生産性をどこまでも高めることができる（しかし工業の成長も長期的に見れば、エネルギー資源の有限性のゆえに永続することはできないのであるが）。これに対して農業の場合、農地を照射する太陽光エネルギー量には作物の播種期から収穫期までの期間において一定の限界がある。肥料（堆肥であれ、化学肥料であれ）を施すことによって収穫量を増加させるにも、作物の性質上、限度がある。作物の生長と成熟にも一定の期間が必要であり、これを早めることにも限度がある。たしかに現代では、施設栽培の技術が高度に発達し、光、温度、肥料などを調節・管理するシステムが広がっているが、それでも当該作物の生物学的・遺伝子的構造からして生産性に本質的限度がともなうであろう。先述の規制改革会議がどんなに声高に「農業の成長産業化」を謳おうとも、農業は本質的に成長産業にはなり得ないのである。農業は本来、地域の地理的・気候的特性によって規定され、人間の勤労と創意工夫、土と作物に対する愛情によって営まれ、それによって家族と地域社会の人々の生活が維持されればよいのであり、一定の備蓄さえあれば、生産と所得が毎年成長する必要はないのである。成長経済は現代の一部の人間の肥大化した欲望が描いた、自然の理に反する幻想にすぎない。

くり返し言うように、人間は他の生き物と同様に生命体であり、人間の経済も根底において生命の経済である。生命体は自己の生命を維持するためには、たえず外界から自然資源を取り入れなければならない。また老廃物を排泄しなければならない。人間は食物の摂取、消化、吸収、排泄をくり返すことによって生命エネルギーを維持している。この過程は生命組織体の秩序の一部分が老廃物という無秩序に変換する過程である（エントロピー増大の法則）。この疲労と衰弱から体力を回復するためには、人間はたえず自然資源（有機物という秩序）を食物として摂取する必要がある。人間の食物となりうるのは生物的資源だけである。これらの植物の栽培と動物の育成を担っているのが農業にほかならない。食糧生産としての農業が人間にとって絶対不可欠の営みであり、基本的に製造業やサービス業よりも優先されるべき政治的・経済的根本課題であることがここからも明らかである。

この生物資源の固有の不可欠性が現代の主流の経済学においては認識されず、欠落している。生物資源は経済学においては自然資源の中に含められるが、生物資源は化石燃料と金属資源と一緒に「自然資源」として理解され、生物資源の独自の重要性が認識されていない。さらに主流経済学は先述のように、GDPという貨幣額を至上の判断基準としているので、生物資源の独自の、代替不可能な質の重要性をいっそう見落とす理論構造をもっている。主流経済学は経済界および政治の世界における工業・サービス業重視、農業軽視を追認するにとどまっており、成長経済の自己破壊的性格を認識できないでいる。

5. 農を基礎とする社会

先述のように、成長経済は、一方では競争の激化によって企業間および個人間の所得の格差を拡大し、不安定な非正規雇用と貧困層を拡大し、他方では企業を競争とグローバル化に駆り立て、自然資源の消費と廃棄物の排出を年々加速することによって、地球温暖化や生態系の破壊などの環境悪化を増大させている。経済成長は現代の社会的諸問題の「万能薬」であるどころか、諸問題を引き起こす主要な原因である。この成長経済に対抗して、人々の生活の安全と安心を守り、生活の基盤を確固たるものとするためには、人々が住む各地域の自然環境と土地に根差した暮らしを地域社会の共同の力で創り出すことが最も確かな道であろう。その暮らしとは、農業を基礎とし、その周りに農業と関連する林業、工業、商業・サービス業のネットワークが形成される地域社会のそれである。大企業と大都市を優遇する国家の成長政策にも従属せず、外国の巨大多国籍企業の攻勢にも屈しない堅実な力は、地域の人々の土地と自然に根を下ろした暮らしと、それにもとづく人々の協同と相互の信頼関係の上にこそ育てることができる。現在、各地で取り組まれている農・工・商の6次産業化は有望な方策である。しかしそれは外部の資本が乗り込んで工・商主導で農を利用する形のものではなく、あくまでも地元の農業が中核となり、農業の担い手が地域に住む人々でなければならない。そして農家と近隣都市の消費者との間に提携関係を結ぶことによって、農家は顔の見える消費者のために生産する充実感と安心感をもつことができる。消費者は顔の見える生産者と交流し、安全な食べ物を得られる信頼感を育てることができる。生産者と消費者が相互に支え合う関係は地域社会においてこそ可能である。消費者も可能な限り、土に触れ、農に参加し、農の苦労と作物を育てることの楽しみを日常的に味わうことが望まれる。市民菜園の拡充はその第一歩であろう。

農業はたんに食糧生産だけを行っているのではない。農家の農地は私有地であっても、それは他の農家の農地とつながっており、ともに地域の農業地帯を構成している。農地に流入する水も、周囲の山、森林、湖水、海も風も農業と深く結びつき、作物の生長を助け、支えている。農業は地域の自然とそこに生きる人々と深く協力し、助け合わなければ成り立たない営みである。先述の「農業の多面的機能」とは、農業者が農業を営むためには、農地の周辺の自然環境を保全・整備しなければならず、そのことが地域およびさらに広域の地方に住む住民を災害から守り、健康な環境を創り、美しい景観を保護し維持するという社会的役割を果たしていることを指している。そればかりではない。農業は作物を育てるだけではなく、田んぼや畑にさまざまな生きもの（昆虫、魚など水生動物、鳥、小動物）を生息させ、それらの多くが作物の生育に有益な働きをしているという（作物を荒らす害を与えるものもいるが）。カエル、ミミズ、エビ、テントウムシ、蝶、トンボなどが稲田や、麦、豆、野菜の畑で活動している風景は人間と多様な生きものが共に一つの世界に生きていることをあらためて教えてくれる。田園は「生きもののにぎわい」（宇根2007）ともいうべき豊かな至福の世界を開示してくれる。このような世界を子供たちに実地に見せ、体験させるならば、子供たちの心に生きもののさまざまな姿と動きに対する驚きと好奇心、生命への共感と優しい感受性が育つに違いない。このような取り組みがすでに多くの地方の学校や自治体で実践されているという。農作物を育てる農作業の体験とともに、農業は教育的意義をも含む世界である。

先述のように、現在、中山間地と農村が過疎化の危機に瀕しているのは紛れもない事実であるが、しかし他方で若者や30代、40代の人々が都市での生活を去って農村・山村に移住する傾向が近年、徐々に高まっている事実が注目される。たしかに若者の就職口は都市に集中しており、都市で職を得れば一応生活が保障されるが、しかし先述のように、非正規雇用の不安定、正社員といえども長い残業時間、競争下の企業の職場での心理的圧迫、人間関係の複雑さと煩わしさ、住宅事情や通勤時間の長さ、子育ての難しさなど、都市生活にともなう困難は以前よりいっそう増している。それに比べると、田舎での生活は、仕事さえ得られれば、解放感と自由、ゆったりとした時間を味わうことができる。そして農業こそ田舎への移住者の大部分が選ぶ道である。彼らは土に根差す農業と地域の農家や仲間との助け合いと協同こそが確かで安定した暮らし方であることを感じ取っている。

時代は都市中心の経済から田園と里山の農林業を核とする地域経済圏へと重心を移し始めているかに見える。その背景には、成長経済の行き詰まりがあり、成長経済から定常経済へ、輸出産業と「攻め」の競争経済から国内自給、地域自給への転換が始まっていると思われる。もしも農業が、上に見たように、生存基盤としての特質をもつとすれば、農業は公共的性格をもつ営みであり、国と自治体は農業を全面的に市場経済にゆだねるのではなく、これを安定的に維持する重い責任を帯びている。国の政策に求められることは、国内の農業人口と農地面積を一定程度安定的に維持し、食糧自給率100％を目指すこと、農業者への所得保障をすること、環境直接支払い制度の拡充、そして国の経済政策の地方への大幅な権限移譲と地域分権の支援が求められる。貿易は「自由化」という成長と競争激化の方向を180度転換し、必要最小限に制限し、国内の第一次産業を保護し、維持することである。

成長経済と大資本の圧力に抗して地域社会を粘り強く自給力の高いものに作り上げる主体は地域住民自身である。地域経済の中核に有機農業を据え、これを地域の生態系・地理的特性と調和させ、周辺の地域社会との補完的連携を図りつつ、自給力向上を目指す。市町村レベルの地域で実現できないものは道府県レベルの地域にゆだねる。道府県レベルの地域で実現できないものだけを国レベルで民主的手続きを経て決定する。また従来の化石燃料への依存を脱して、再生可能エネルギーへの転換を各地域で早期に推進しなければならない。

このような自立的地域社会を創造するためには、現在の過度の競争と消費偏重の価値観と決別し、地域の自然と安定した社会生活に充実感と誇りを覚えるようなさまざまな新たな文化的表現（祭り、芸能、演劇、音楽、美術、文芸、思想）を創造していくことが必要である。また市民レベル、民衆レベルの国際交流を促進し、諸外国との平和友好の関係を国家的・政治的レベルから独立して築くことが重要であろう。

参考文献

宇根豊（2007）『天地有情の農学』コモンズ。

大江正章（2015）『地域に希望あり――まち・人・仕事を創る』岩波書店。

大崎正治（1981）『〈鎖国〉の経済学――オルタナティブ・エコノミクスを求めて』ＪＩＣＣ出版局。

小田切徳美・藤山浩（2013）『地域再生のフロンティア』農文協。

N・ジョージェスク‐レーゲン（1993）『エントロピー法則と経済過程』高橋正立ほか訳、みすず書房。

世界自然保護基金（ＷＷＦ）（2016）「生きている地球レポート２０１６」。www.wwf.or.jp/

H・E・デイリー（2005）『持続可能な発展の経済学』新田功ほか訳、みすず書房。

中島紀一（2011）『有機農業政策と農の再生』コモンズ。

広井良典（2003）『定常型社会』岩波書店。

W・ベリー（2008）『ウェンデル・ベリーの環境思想――農的生活のすすめ』加藤貞通訳、昭和堂。

三浦永光（2017）「現代社会とその人間観：総合人間学のための試論」『総合人間学研究』11号、pp.87-103。http://synthetic-anthropology.org/

山下惣一（2014）『小農救国論』、創森社。

S・ラトゥーシュ（2013）『〈脱成長〉は、世界を変えられるか』中野佳裕訳、作品社。

M・ワケナゲル＆W・リース（2004）『エコロジカル・フットプリント』和田喜彦監訳、合同出版。

Global Footprint Network (2017)。www.footprintnetwork.org/

〔みうら　ながみつ／津田塾大学名誉教授／哲学・社会思想史〕

市場原理主義と農的共生システム

鈴木宣弘

1. 規制緩和、自由貿易の本質

米国民が否定したTPP（環太平洋連携協定）をTPP11（米国抜きのTPP）で推進し、TPP型の協定を「TPPプラス」（TPP以上）にして、日欧EPA（経済連携協定）やRCEP（東アジア地域包括的経済連携）にも広げようと日本政府は「TPPゾンビ」の増殖に何故に邁進するのか。

国家戦略特区が、ルールを破って特定企業に便宜供与する国家「私物化」特区だとすれば、自由貿易とは国境を越えたグローバル企業への便宜供与で、世界の私物化である。TPP型協定がその具体型である。つまり、自由貿易＝グローバル企業が自由にもうけられる貿易であり、グローバル企業の経営陣は、命、健康、環境を守るコストを徹底的に切り詰めて、「今だけ、金だけ、自分だけ」（3だけ主義）で儲けられるように、投資・サービスの自由化で人々を安く働かせ、命、健康、環境への配慮を求められてもISDS（投資家対国家紛争処理）条項で阻止し、新薬など特許の保護は強化して人の命よりも企業利益を増やそうとする。利権で結ばれて、彼らと政治、メディア、研究者が一体化する。これが規制緩和、グローバル化の正体である。

格差拡大、国家主権の侵害などを懸念し米国民の圧倒的多数が否定したのがTPPだ。日本を含む多くの市民の声も同じなのに、大多数の市民の声とグローバル企業と結託した政治家の思惑とが極度に乖離した政治状況は各国ともに何ら改善されていない異常さをTPP11の推進を目の当たりにして痛切に感じる。

米国内のグローバル企業とその献金で生きる政治家は、米国民の声とは反対に、今でも命や環境を犠牲にしても企業利益が最大限に追求できるTPP型ルールをアジア太平洋地域に広げたいという思いが変わらないから、そういう米国のTPP推進勢力に対して、日本が「TPPの灯を消さない」努力を続けているところを見せることも重要な米国へのメッセージなのである。

このように、国民の声と政治は必然的に乖離する。「1％対99％」と言われるが、政治は1％の「お友達」の利益のために進められるから、99％の声は無視される。日本が最も極端であり、そうしたグローバル企業などの要求を実現する窓口が規制改革推進会議であり、官邸の人事権の濫用で行政も一体化し、国民の将来が一部の人達の私腹を肥やすために私物化されている現状は限度を超えている。

一方、その対極に位置するのが農林水産業を核にした共助・共生システムである。一部に利益が集中しないように相互扶助で農家や地域住民の利益・権利を守り、命・健康、資源・環境、暮らしを守る共同体（農協、漁協など）は、「3だけ主義」には存在を否定すべき障害物である。そこで、「既得権益」「岩盤規制」と攻撃し、ドリルで壊して市場を奪って私腹を肥やそうとする。これが「対等な競争条件」要求の実態である。

2.「私」「公」「共」のバランス

我々の社会は次の「私」「公」「共」のせめぎ合いとバランスの下で成立している。

「私」＝個人・企業による自己利益追求。目先の金銭的利益の最大化のための「収奪」的経済活動。命、資源、環境、安全性、コミュニティ、公平性などへの配慮を欠く。

「公」＝国家・政府による規制・コントロール。国家管理だけで社会全体を動かそうとすれば、活力が失われる。行政コストも莫大になる。

「共」＝自発的な共同管理、相互扶助、共生のシステム。その運営主体が協同組合など。「収奪」的経済活動による弊害、すなわち、命、資源、環境、安全性、コミュニティ、公平性などの毀損を、共同体的な自主的ルールによって克服、かつ低コストで実現する。

シカゴ大学のミルトン・フリードマンを「教祖」的存在とする市場原理主義者は、「公」と「共」をなくして「私」のみにすることが社会の利益を最大化すると説く。この主張は次の点で理論的に間違っている。

3. 市場原理主義の理論的間違い その1

(1) 処方箋は規制緩和でなく共生システムの強化

「公」と「共」をなくして「私」のみにする、つまり規制緩和を徹底して、個々が勝手に自己利益を追求すれば、結果的に社会全体の利益が最大化されるという短絡的経済理論が適用できない典型例は環境経済学のテキストでも必ず解説される「コモンズの悲劇」である。

「コモンズの悲劇」とは、「入会牧場や漁場などで、個々が目先の自己利益の最大化を目指して行動すると資源が枯渇して共倒れする」というものである。「自然資源の共同管理制度、及び共同管理の対象である資源」（井上2001:

〔1〕という定義に含意されるように、コモンズは共同管理されることで「悲劇」を回避してきた。それに対して、「コモンズの共同管理をやめるべき」というのは、根本的な間違いと言わざるを得ない。視野を地球環境問題などまで広げると、「グローバルコモンズ」の共同管理をせずに、目先の狭い経済利益を個々が追及した結果、地球環境が悪化してゲリラ豪雨のような異常気象が頻発し、それによる洪水も、山が荒れて止めることができない、と整理できる。そもそも、利己的な個人が個々の利益を自由に追求すると社会全体の利益が最大化されるという市場原理主義的経済学の適用できる対象はほとんどないことも意味する。

生源寺眞一教授の次の指摘が示唆に富む。

「合意に立脚した共同行動、ここに変革期を生きるコモンズの道がある。……農村あるいは山村・漁村の共同行動は、地域の個性を濃厚に帯びながらも、人類共通の知恵の発露という面を有している。先ほどコモンズの悲劇の克服方法として、自己責任体制と政府介入の二つが提唱されていると紹介した。このうち自己責任制とは損得勘定の徹底であり、端的に言って、市場経済の世界にほかならない。けれども改めて認識すべきは、市場経済と政府介入だけでは現実の社会のシステムを十分に語り尽くせないという簡明な事実である。

簡単な二分法には修正が必要だ。コモンズは市場経済でもなく、政府介入でもない第三のシステムなのである。そして、市場や政府がカバーしきれない領域に存在する点で、長い歴史を継承する農山漁村のコモンズと、19世紀のロッチデールやライファイゼンに始まる多様な協同組合活動には共通項がある。どちらもメンバーの自発的な合意に基づく共助・共存の仕組みなのである。」(生源寺 2017: 49)

故宇沢弘文教授の次の指摘も示唆に富む。

「……私自身、かつては経済学者の通例として、すべて所有関係でものを考えてきました。しかし、それだけでは森林や海のような自然環境をうまく、持続的に管理していくのは不可能です。日本でも、明治の近代化の過程で急速に壊されてしまった入会制度のように、皆で相談して大切に使い、次の世代に伝えていく、つまりコモンズの精神を取り戻す必要があると思うのです。」(宇沢 2017: 135)

(2) 資源の共同管理主体としての共生システム——漁協が典型

このことは、漁業について、漁業権開放をめぐる議論の中で考えるとわかりやすい。以前から議論のあった漁業権開放論が規制改革の俎上に再浮上している。漁業権は、これまで各漁場で生業を営む漁家の集合体としての漁協に優先的に免許されてきたが、今後は、一般企業も同列に扱って、権利を付与し、最終的には、その漁業権を入札で譲渡可能とするのが望ましい（実質的に外国にも開放されることになる）との議論が規制改革推進会議などで始まった。

筆者は、小さい頃からアコヤ貝の貝掃除、冬場のノリの摘み取り・乾燥・袋詰めなど、毎日、浜を生活の場としてきた一人として、漁業権の開放問題には強い違和感をいだく。そこに浜があり、長年にわたり、そこで生計を立てている漁家は、漁協に集まって、獲りすぎや海の汚れにつながる過密養殖にならぬように、毎年の計画を話し合い、公平性を保つように調整し、年度途中での折々の情勢変化に対応してファインチューニング（微調整）し、浜掃除の出合いも平等にこなすといった資源とコミュニティの持続を保つ、きめ細かな共生システムが絶妙なギリギリのバランスの上にできあがっている。

それに対して、非効率な家族経営体が公共物の浜を勝手に占有しているのはけしからん、そのせいで日本漁業が衰退した、既得権益化した漁業権を規制緩和し、民間活力を最大限に活用し、平等に誰でも浜にアクセスできるように、漁業権を競売にかけ、資金力のある企業的経営体に参入させろ（独占させろ）、というのである。
長年その地に土着して目の前の浜で暮らしてきた我々に対して、突然、漁業権の免許が漁協（多数の家族経営漁家の集合体）から企業に変更された（あるいは企業にも付与した）ので、君らの一部は企業が雇ってくれるが、基本的にはみんな浜から出ていけ、というのは、よくまあ、そんな勝手なことが言えるな、というのが実感である。海と隣接した集落で、非常に多くの中小漁家が生業を営んでいる。これらが根こそぎ買い取られたらどうなるか。ここで暮らしてきた人たちの生活と地域コミュニティは間違いなく崩壊する。

漁協と別の主体にも漁業権が免許されたら、漁場の資源管理は瞬く間に混乱に陥ることは必定である。しかし、実際に、悲惨な大震災による漁民の窮状につけこんで、火事場泥棒的にこんな特区が実現された。その全国展開がいま進められようとしている。

資源管理のためには、総量規制だけすればよいというのは、現場を知らない絵空事である。異なる現場ごとに、漁協に集まって、折々の情勢変化に対応してファインチューニングし、資源とコミュニティの持続を保つ、きめ細かな共生システムが絶妙なギリギリのバランスを保って各漁場は調整されている。漁協による共生システムは、その点で優れている。

区画、定置、共同漁業権は、海を協調して立体的、複層的に利用している。定置の前で魚を獲ったら定置網は成り立たないし、マグロ養殖のそばを漁船が高速で移動したら中のマグロが暴れて大変なことになる。漁業は、企業間の競争、対立、収奪ではなく、協調の精神、共同体的な論理で成り立ち、貴重な資源を上手に利用している。その根幹が漁協による漁業権管理である。

ノーベル経済学賞を受賞したオストロム教授のゲーム論によるコモンズ利用者の自主的な資源管理ルールの有効

性の証明を待つまでもないように思う。筆者はゲーム論があまり好きでない。現場で当たり前のことを、もっともらしく言い換えているだけだ。しかも、経済モデルはすべてそうであるように、やはり現実を単純化している。現場は複雑であり、その複雑な調整メカニズムは現場をじっくり体感することによって理解するしかない。

中央政府が漁場ごとの再生産能力を把握した総量規制の上限値を正確に計算することは、そもそも困難であり、それを明確に割り当てたり、操業者の行動を監視し、違反者を確実に制裁することは困難を極めるし、その行政コストは莫大になり、漁協を中心とした自主管理システムのほうが有効かつ低コストであるのは自明のように思われる。

漁協にかぎらず、農協も森林組合も、もともと地域資源の持続的な利用によってみんなの生活を守るための自主的ルールに基づく共同体として発展した組織であり、コモンズの悲劇を生じさせないためには、規制緩和でなく、こうした共助・共生システムの維持・強化こそが望まれるのである。

(3) 総合的、長期的視点の欠如

上記(1)、(2)の議論も含めて、より包括的に言えば、市場原理主義は「3だけ主義」で目先の自己利益のみに焦点を当て、長期的・総合的な利益と費用を考慮していないということである。

例えば、貿易自由化の利益の主張には次の点が考慮されていない。各国が国内の食料生産を維持することは、短期的には輸入農産物より高コストであっても、輸出規制が数年間も続くような「お金をだしても食料が買えない」不測の事態のコストを考慮すれば、実は、国内生産を維持するほうが長期的なコストは低いのである。目先の安さのみしか見ていなかった原子力発電の取り返しのつかない大事故でも思い知らされたところである。

そして、狭い視野の経済効率だけで、市場競争に任せることは、人の命や健康にかかわる安全性のためのコストが切り詰められてしまうという重大な危険をもたらす。特に、日本のように、食料自給率がすでに38％まで低下して、食料の量的確保についての安全保障が崩れてしまうと、安全性に不安があっても輸入に頼らざるを得なくなる。つまり、量の安全保障と同時に質の安全保障も崩される事態を招いてしまうのである。

そして、環境からの大きなしっぺ返しが襲ってくるコストも考慮されていない。環境負荷のコストを無視した経済効率の追求で地球温暖化が進み、異常気象が頻発し、ゲリラ豪雨が増えた。狭い視野の経済効率の追求で、林業や農業が衰退し、山が荒れ、耕作放棄地が増えたため、ゲリラ豪雨に耐えられず、洪水が起きやすくなっている。全国に広がる鳥獣害もこれに起因する。すべて「人災」なのである。

そして、農林水産業の衰退は、伝統文化も含む地域コミュニティの崩壊・消滅につながる。一部の人々の儲けが大幅に増大したとしても、地域の大多数の人々の生活は崩壊し、所得格差が拡大し、失業も増える。

見落とされているのは、「分配の公平性」の問題に加え、失業者が増えることによる社会的コスト、価格競争で安全性が疎かになるコスト、環境にダメージを与えるコスト、不測の事態に備えるコスト、地域社会が失われるコストなどである。総合的・長期的な損失を考慮しない「3だけ主義」で突き進んでくのは、結局、みなが「泥船」に乗って沈んでいくようなものである。目先の利益を得たつもりの者も、自分たちも持続できなくなることを気付くべきである。

このような市場メカニズムには十分に組み込めない要素を総合的に包含して調整してきたのが、農林水産業を核にした伝統的な共助・共生システムである。

4．市場原理主義の理論的間違い　その2

(1) 寡占下の所得向上の処方箋は規制緩和でなく拮抗力の形成

「公」と「共」をなくして「私」のみにする、つまり規制緩和を徹底すると経済利益が最大化されるという命題が成立するには前提条件が満たされなくてはならない。その一つが、完全競争、つまり、市場に独占や寡占が存在しないということである。

しかし、個々の農家・漁家に対して、農水産物の買手や生産資材の売手の規模が大きく、買手寡占力、売手寡占力を有することは、世界的にも広く認識されている。

小売などの取引交渉力が強い市場での規制緩和は、競争条件の対等化でなく、一層不当な競争に生産者をさらす。規制緩和が正当化できるのは、市場のプレイヤーが市場支配力を持たない場合であって、一方の市場支配力が強い市場では、規制緩和は、一方の利益を一層不当に高める形で市場をさらに歪め、経済厚生を悪化させる可能性があり、競争市場を前提とした規制緩和論は適用できない。

単純化すると、例えば、完全競争市場なら流通業者はダイコン1本を90円で買って100円で売るが、市場支配力のある流通業者はダイコン1本を70円で買いたたいて120円で売るという商売をする。今、農協の存在によって、流通業者の市場支配力がある程度相殺され、現実の流通業者はダイコン1本を80円で買って110円で売っているとする。このとき、農協共販ができなくなったら、農家は今より10円買いたたかれ、消費者は今より10円高く買わされることになり、社会全体としても経済利益が減少する。つまり、農協共販によって、生産者も消費者も利益が増え、社会全体の利益も増えている（共販に伴うコストが増加利益を下回るかぎり）。

つまり、市場支配力が存在する市場では、正しい処方箋は規制緩和ではなく、一方に偏る利益を是正するために、①買手に対するカウンターベイリング・パワー（拮抗力）の形成を可能とする共助組織（協同組合など）の強化、②取引交渉力の不均衡による損失を補填する政府によるセーフティネットの強化こそが正当化される。

だからこそ、日本でも、協同組合による共販・共同購入は独禁法の「適用除外」になっている（独禁法の22条）。にもかかわらず、それを不当として廃止を求め、あるいは、なし崩し的に独禁法の適用を強化しようとする動きが強まっている。

(2) 独禁法違反の判断は「不当な価格引き上げ」か否かによるべき

米国では、カッパー＝ヴォルステッド（Capper-Volstead）法によって、農協は反トラスト法（独禁法）の適用除外になっている。しかし、その結果、不当価格引き上げ（Undue Price Enhancement）などにより経済厚生上の損失が生じている場合は違法とされる。この考え方は基本的に日本でも同じであり、「一定の取引分野における競争を実質的に制限することにより不当に対価を引き上げることとなる場合」には適用除外とはならない。

つまり、共販のルールが明確に合意されているのであれば、「系統利用を強制した」といったような「言いがかり」で取り締まるべきではなく、結果として「不当な価格引き上げが行われているかどうか」を独禁法違反か否かのポイントにすべきである。

例えば、飲用乳についての我々の試算では、我が国では、スーパー対メーカーの取引交渉力の優位度は7対3で、スーパーがメーカーに対して優位性を発揮し、メーカー対酪農協の取引交渉力の優位度は9対1に近く、メーカーが酪農協に対して優位である可能性が示され、むしろ酪農家は買いたたかれている。こうした状況で、酪農家組織の弱体化や独禁法の厳格適用は正当化されない。

計量経済学的検証を待たなくとも、農業所得の低迷による農家減少に歯止めがかからない中、農協共販によって「不当な価格引き上げ」が行われているとは誰も思わないだろう。しかし、可能なかぎり数字で示すことで、「不当な価格引き上げ」に当たらないことを立証する努力が必要である。

ここで、必要となるのは、不当な価格引き上げにあたるか、逆に買いたたかれているか、を判断する基準値である。例えば、飲用乳の例で、5対5の取引交渉力を対等な水準として、そのときに計算される価格を適正価格として設定することは、ひとつのアイデアである。この場合、飲用乳価は生産者段階で6円、卸売段階で4円、現状より高くなる。

つまり、現状は「不当な価格引き上げ」とは逆に「不当な買いたたき」の状況下にあり、独禁法の適用除外をなし崩しにする取締まり強化は間違いで、むしろ共販を強化すべきで、かつ、大手小売の「不当廉売」と「優越的地位の濫用」こそ、独禁法上の問題にすべきということになる。

5．共生システムの破壊の先に見える風景

農業については、家族経営の崩壊、農協解体に向けた措置（全農共販・共同購入の無効化、独禁法の適用除外の実質無効化、生乳共販の弱体化、信用・共済の分離への布石）、外資を含む一部企業への便宜供与（特定企業の農地取得を可能にした国家「私物化」特区、種子法の廃止、農業「移民」特区の展開）、そして、それらにより国民の命と暮らしのリスクが高まる事態が「着実に」進行している。

そして、ここに来て、林業や漁業についても森林組合や漁協の解体の議論が規制改革推進会議などで始まった。これは、延長された所管官庁のトップの在任中に、一連の農林水産業の家族経営の崩壊、協同組合と所管官庁などの関連組織の崩壊に「とどめを刺し」、国内外の特定企業などへの便宜供与を貫徹する「総仕上げ」を敢行するという強い意思表示と理解される。

農政・農協改革の目的が「農業所得の向上」であるわけがない。①信用・共済マネーの掌握に加えて、②共販を崩して農産物をもっと安く買いたたきたい企業、③共同購入を崩して生産資材価格をつり上げたい企業、④農協と既存農家が潰れたら農業参入したい企業が控える。規制改革推進会議の答申はそのとおりになっている。

そして、極端に言えば、既存農家のほとんどが潰れても、日本の農地の1％でもいい。政権と結びつく大手流通企業などが条件のいい所だけで農業をやって利益があがればそれでよいというのである。「それでは残りの99％の地域はどうするのか」と言うと、「そんな所に人が住むな」と言う。人材派遣大手P社のT会長はわかりやすい。K県の中山間地に行ってこう言った。「なぜこんな所に人が住むのか。早く引っ越せ。こんな所に人が住んで無理して農業をするから、行政もやらなければならない。これを無駄というのだ。原野に戻せ」と。「では、地域の伝統や文化、コミュニティはどうなるのか」と言うと、そんなものは非効率だから要らないのだと。

一部の企業の農業がかりに儲かっても国民に食料を十分に供給できない。それでは、彼らがよく言う安全保障はどうなるのか。結局のところ、それはどうでもいいということのようである。要は、「3だけ主義」で、政権と結びついている、ごく一部の者だけの利益が保障されればそれでいい。周りからむしり取って、もっと儲けられるようにしてやれるかどうかが、すべてなのだと。これぞアベノミクス、これぞTPP。根っこは同じである。しかし、ひとり生き残っても周りが成り立たなくなったら自分も持続できないこと、何人も「収奪」でなく「共生」でしか存続できぬことが見えていない。

しかも、きわめて少数の「有能」で巨万の富も得ている人たちが、さらに露骨に私腹を肥やすために政府の会議を利用して、地域を苦しめている。代表的な方は、例えば、P社のT会長と、O社のM会長、それにSのN社長。立派な経営者だろうが、自分があれだけ儲けてもまだ儲け足りないという。なりふり構わず、自身が委員をして自身の企業に利益誘導する「利益相反」を平然と繰り返している。

最近の象徴的「事件」はH県Y市の農業特区である。突如、大企業が農地を買うことができるようになった。その企業はどこか。O社の関連会社である。そして社外取締役に就任しているのは誰か、N氏とT氏である。また、この3人だ。あまりにもわかりやすすぎる。ごく少数の「3だけ主義」の人たちが私腹を肥やすために、こんなことをして国民を苦しめ、地域を苦しめている。「3だけ主義」でなく「3方よし」(売手よし、買手よし、世間よし)で地域全体の繁栄なくして個々の経営の存続もないことを理解して地域を守ってきた共助・共生システムがこんな国家私物化のもくろみのために潰されてよいわけがない。

6. 自分たちの安全・安心な食と地域の暮らしは自分たちが守る

こうした攻撃から自分たちの安全・安心な食を自分たちで守るには、例えば、消費者（生協）が生産者（農協・漁協など）と共同してホンモノの価値を評価する基準を策定して適正価格で支え、安くても不安な食を自分たちの力で排除できるような共助・共生システムの強化・拡大が不可欠である。

本来、農協・漁協（生産者）と生協（消費者）は命と暮らしを守る一体的な共同体である。スイスの実践が参考になる。スイスの卵は国産1個60～80円もする。輸入品の何倍もしても、それでも国産の卵のほうが売れていた（筆者も見てきた）。小学生くらいの女の子が買っていたので、聞いた人がいた。その子は「これを買うことで生産者の皆さんの生活も支えられ、そのおかげで私たちの生活も成り立つのだから、当たり前でしょう」と、いとも簡単に答えたという。キーワードは、ナチュラル、オーガニック、アニマル・ウェルフェア（動物福祉）、バイオダイバーシティ（生物多様性）、そして美しい景観である。こういった要素を生産過程において考慮すれば、できたものもホンモノで安全でおいしい。それはつながっている。それは値段が高いのでなく、込められた価値への正当な対価だと国民が理解しているから、生産コストが周辺の国々よりも3割も4割も高くても、決して負けてはいない。

スイスでこのような姿が実現している大きな原動力は、消費者サイドが食品流通の5割以上のシェアを持つ生協のミグロに結集して、農協なども通じて生産者サイドに働きかけ、ホンモノの基準を設定・認証して、環境、景観、動物愛護、生物多様性に配慮した生産を促進し、その代わり、できた農産物に込められた多様な価値を価格に反映して消費者が支えていくという強固なネットワークを形成できていることにある。大手量販店の安売り圧力にも負けないのである。

日本には、一組織でそれだけのシェアを占める生協は存在しないが、生協の横の連携、農協・漁協などの横の連携を強め、そして、農協・漁協などと生協との縦の連携を強めることによって、農林水産業を核にした共助・共生システムの拡大が可能となる。一部の利益のために共生システムを破壊しようとする市場原理主義の暴走に対して、農的共生システムこそが、国民の命、環境、地域、国土を守っていけることを実践で示していくことが不可欠である。

なお、それでもスイスの農業所得のほぼ100％が補助金だというのだから、消費者の買い支えだけではないことも注目される。ＥＵの農業所得に占める補助金の割合は英仏も90％前後に達するなど、驚くほど高く、日本は30％台で、実は先進国で最も低いレベルなのである。日本が世界で最も過保護な農業保護国という情報は意図的に国民に刷り込まれてきた誤解なのである。命を守り、環境を守り、国土・国境を守っている産業を国民みんなで支えるのは当たり前なのであり、それがむしろ当たり前でないのが日本と考えたほうがよい。

イタリアのロンバルジアの稲作地帯の住民の声が象徴的である。「水田にはオタマジャクシが棲める生物多様性、ダムの代わりに貯水できる洪水防止機能、水をろ過してくれる機能、こうした機能に住民はお世話になっているが、それを十分にコメの値段に反映できているか。十分に反映できていない。だったら、ただ乗りしてはいけない。自分たちがお金を集めて別途払おうじゃないか。」この感覚が税金からの直接支払いの根拠になっている。根拠をしっかりと積み上げ、予算化し、国民の理解を得ている。

スイスで筆者が訪ねた畜産農家には、環境支払い（豚の食事場所と寝床を区分し、外にも自由に出て行けるように飼うと）230万円、生物多様性維持への特別支払い（草刈りをし、木を切り、雑木林化を防ぐことでより多くの生物種を維持する作業）170万円などときめ細かく支出されていた。個別具体的に、農業の果たす多面的機能の項目ごとに支払われる直接支払額が決められているから、消費者も自分たちの応分の対価の支払いが納得でき、直接支払いもバラマキとは言われないし、農家もしっかりそれを認識し、誇りをもって生産に臨める。このようなシステムは日本にない。

さらに、米国では、農家にとって必要な最低限の所得・価格は必ず確保されるように、その水準を明示して、下回ったら政策を発動して補填するから安心してつくって下さい、というシステムを完備している。これが食料を守るということである。農業政策は日本では農家保護政策に矮小化されるが、そうでなく、命、環境、地域を守る国民全体のための多面的機能を含めた総合政策として議論されるべきである。こうした本質的議論なくして食と農と地域の持続的発展はない。農林水産業を核とした共助・共生システムをしっかりとサポートできる政策体系の再構築も不可欠である。

参考文献

井上真（2001）「自然資源の共同管理制度としてのコモンズ」井上真・宮内泰介編『コモンズの社会学』新曜社、pp.1-30。

宇沢弘文（2017）『人間の経済』新潮社。

尾関周二（2018）「〈農〉を通じて人間と社会を考える――序にかえて――」『人間総合学』第12号人間総合学会。

佐藤力生（2014）『「コモンズの悲劇」から脱皮せよ～日本型漁業に学ぶ　経済成長主義の危うさ』北斗書房。

生源寺眞一（2017）『完・農業と農政の視野』農林統計出版。

田口さつき（2014）「オストロムのコモンズ論からみた水産資源管理のあり方」『農林金融』第67巻9号農林中金総合研究所 pp.52-63。

〔すずき　のぶひろ／東京大学／農業経済学〕

あとがき

北見秀司

『総合人間学』12号は、その副題にあるように、〈農〉を論じている。尾関氏の手になる序のタイトルが示す通り、〈農〉を通じて人間と社会を考えることが目指されている。

しかし、それが意図されたものかどうかは別として、本書に収められた論文における〈農〉の論じ方は、今まで『総合人間学』が語ってきたことの延長線上にある、という強い印象を、少なくともここ数年編集に携わった私は、抱いている。

本論文集でも何人かの論者が行っているように、社会関係を〈公〉〈私〉〈共〉の３つに分類して論じるやり方がある。大雑把に言えば、〈公〉は中央集権的国家あるいは官僚制、〈私〉は民間企業が競争しあう市場、〈共〉は人々が直に出会い、助け合うコミュニティを指している。

この分類に従うならば、『総合人間学』９号で論じたのは、経済成長をおこすと称して、〈公〉が〈私〉の領域すなわち競争市場を地球大に拡大し（グローバリゼーション）、その結果、経済格差を助長し、豊かな社会で貧困を生み、自然環境を破壊し、多くの人の〈居場所〉を奪っているさまだった。

続く10号では、このようにして引き起こされた様々な危機（生存環境の危機・経済的危機・社会編成の危機・精神的危機〉を克服するための新たな社会のあり方として、〈共〉に注目し、その可能性を探っていった。近代国家という〈公〉が〈私〉の領域を強制・拡大し、資本主義体制が生まれたが（今日のグローバリゼーションはその延長線上にある）、その過程で犠牲になったのが相互扶助を旨とする地域コミュニティである〈共〉だった。この〈共〉を自由な個人の自治体として再建し、競争関係を共生関係に組み換える、そこからもうひとつのグローバリゼーションを生み出していく、これが諸論文のいわば通奏低音をなしていた。

9号・10号では、このように社会のあり方を広く論じたが、11号ではテーマを教育に絞った。しかしここでも、前2号の主題が変奏された。現代の教育危機の根本的原因が資本主義体制に、特に1980年以降は新自由主義と新国家主義にあることが論じられ、その解決に経済成長神話を脱した共生社会の構築が求められた。

そして12号に至る。今回のテーマは〈農〉だが、同じ主題が変奏されている。

すなわち今日、農業・農村を荒廃させている主な原因は成長主義・競争経済であることが，一方で論じられている。農業は自然の動きから工業のようには離れられないため、成長産業にはなり得ない。にもかかわらず，利潤を生む産業にしようとして無理を強い、荒廃を招いている。したがって、農業を本質的に救うには、農業を成長主義・市場原理主義から解放し、小農中心の共生の論理に基づく地域コミュニティを育てて行く必要がある。

かくして〈共〉が目指されるが、経済的合理性という観点からは秀でてはいないかもしれない〈農〉は、〈共〉の建設においては大いに力を発揮するだろう。〈農〉は自然と人間を媒介する行為であり、これを土台にすることで自然と社会の共生が可能になろう。また、〈農〉は共同作業を必要とするゆえ、共生社会において人々をつなぐ重要な絆をなすだろう。〈農〉を通じて人と人との直接的な関係が可能になり、人々は自然と他の人間という「他者」との接触を通じて自分の存在とそのあり方を確認できるようになる。それは心の病から人を解き放つ力を持っている。

このように成長主義から解き放たれた〈農〉を実現するには農業者への所得保障をすることが必要であると、三浦氏と鈴木氏は強調する。

山下氏は更に先を行き、誰もが農民になることを勧めている。

私はこの山下氏の大胆な提案に戸惑い続けている。日本におけるそこまでの道筋が今の私には見えづらく、最初、絵空事のように思えたが、その一方で、氏の引用するデータは説得力を持っており、興味深い（ロシアでは国民の70％がダーチャと呼ばれる菜園付き別荘で家族農業を営み、そこではジャガイモの90％、野菜の77％が生産されている、など）。あるいは〈農〉をはじめ持続可能な社会を創り出すには、これほど大規模な文明の転換が求められているようにも思われる。

それは、総合人間学会にふさわしいテーマのひとつであるに違いない。

すでに〈共〉である総合人間学会に。

総合人間学会編集委員会委員長　北見秀司

『オンラインジャーナル 総合人間学研究』第 12 号のご案内

近年、情報の電子化、デジタル化の波は急速に広まりつつありますが、このような時代の趨勢に従い、総合人間学会では学会誌第 7 号より、書籍版とともに電子ジャーナル版の発行に踏み切りました。そして 11 号より、書籍版との区別をより明確にするため、名称を『オンラインジャーナル総合人間学研究』と改めました。学会誌アカデミック版とも形容できるオンラインジャーナルには、寄稿論文・エッセイ、一般研究論文・エッセイ、各種企画の報告論考および会員による新刊著書紹介などの学会関係資料が掲載されています。書籍版と合わせてご愛読いただくことを願っています。

◆『オンラインジャーナル 総合人間学研究』第 12 号　目次

著者一覧（執筆順）

尾関周二
（おぜき　しゅうじ／東京農工大学名誉教授 ／環境哲学・共生哲学）
山下惣一
〔やました　そういち／農民作家〕
佐々木秀夫
〔ささき　ひでお／特定非営利活動法人 都筑ハーベストの会／農福連携学〕
亀山純生
〔かめやま　すみお／東京農工大学名誉教授／環境倫理学〕
千賀裕太郎
〔せんが　ゆうたろう／東京農工大学名誉教授／地域計画学・水資源計画学〕
ヴィルヘルム・ヨハネス
〔ヴィルヘルム・ヨハネス／慶應義塾大学／日本研究・民俗学〕
三浦永光
〔みうら　ながみつ／津田塾大学名誉教授／哲学・社会思想史〕
鈴木宣弘
〔すずき　のぶひろ ／ 東京大学 ／ 農業経済学〕
北見秀司
〔きたみ　しゅうじ／津田塾大学／哲学・社会思想史〕

総合人間学12
〈農〉の総合人間学

発　行 ——2018年6月14日　第1刷発行
定　価 ——定価は表紙に表示
©編　者 —総合人間学会
発行者 —小林達也
発行所 —ハーベスト社
〒188-0013　東京都西東京市向台町 2-11-5
電話　042-467-6441
振替 00170-6-68127
http://www.harvest-sha.co.jp
印刷・製本　㈱平河工業社
落丁・乱丁本はお取りかえいたします。
Printed in Japan
ISBN978-4-86339-098-0 C3300